中学受験国語

選択肢問題の徹底攻略

若杉朋哉　著

はじめに

こんにちは。著者の若杉朋哉です。

「国語は本文が正しく読めれば解けるから楽だ」などと言われることがあります。

もちろん、中学受験の国語はそれほど単純なものではありません。「正しく読む」こと自体、突きつめていけば、それはそれで結構難しいことです。しかしながら、算数などと比べればそう言いたくなるのもわからないではありません。なぜなら一般的に、国語には算数のように、「複雑な計算や難解な問題を繰り返し練習しなければ合格点を取れない」といったイメージがなく、およそ「練習を積む」という教科ではないように思われがちだからです。つまり、国語には練習が必要ないという考えから、楽な感じがするのでしょう。事実、受験教科としての国語は、さほど勉強されていないように思います。

そんな国語という教科の中でも、特に「選択肢問題」に至っては、その解き方を勉強するとか練習するといったことは、まったくといっていいほどなされていないのではないでしょうか。いや、そもそも選択肢問題に「解き方」などが存在するのか、そんなことすら考えたことのない中学受験生が大勢いるように思います。

なぜそんなことが言えるのかといえば、それは他でもない、私自身がそうだったからです。選択肢問題に「解き方」などというものがあると知ったのはずっと後のこと、私の場合は大学受験のときでした。ですから中学受験生であるみなさんが「解き方」を知らないのも無理はありません。

しかし、これは少し考えてみると、大変奇妙なことであることがわかります。中学入試の国語の問題で、「選択肢問題」が出題されないということがあるでしょうか。ほとんどありませんね。大部分の中学入試で「選択肢問題」が出題されます。問題の半数以上が「選択肢問題」という学校も多いです。ですからみなさんは、ほぼ確実に、入試問題で「選択肢問題」を解くわけですね。にもかかわらず、「選択肢問題」の解き方を知らないというのは、ちょっと変なことではありませんか。

算数の問題で考えてみてください。入試問題の半分以上に関わる算数の問題の解き方を知らない……そんなことはありえませんね。それどころか、みなさんは、入試に一問出るか出ないかわからないような算数の問題ですら、日々、一生懸命に練習しているわけです。これを考えてみれば、ほぼ確実に、しかも何問も出るとわかっている「選択肢問題」の解き方を知らないということが、いかに不思議なことであるかがわかると思います。

ですから、私が本書でまず伝えたいと思うことは、「選択肢問題の解き方」です。

ただ、こんなふうに言うと、みなさんの中には、

「…でも、別に解き方なんて知らなくても、選択肢問題解けてるけど…」

なんて思う人もいると思います。もちろん、選択肢問題にまったく困っていないという人は、本書を無理に読まなくても、いままで通りのやり方でやればいいと思います。まったく困っていないことを無理にやる必要はありません。

でも、次のような中学受験生には、ぜひ読んでいただきたい。

① 選択肢問題で間違えが多くて困っている。

② 選択肢問題がもっとできるようになりたい。

右のような受験生たちのために私は本書を書きました。なぜなら、かつて選択肢問題で悩んでいた私が、選択肢問題にも「解き方」があることを知って感激し、実際に「助かった」という経験をしたからです。**ですから本書は、「かつての自分だったらこんな方法を知りたかった!」という本にしたいという想いで書きました。**そんな本であれば、きっとみなさんにとっても有益な本になると思ったからです。

さて、これからお話ししようとする「選択肢問題」についてですが、その前にぜひ知っておいて欲しいことがあります。それは何かといえば、「本文を正しく読めること」と「正しい選択肢を選べること」は、別の次元の話だということです。

受験国語の選択肢問題について、私には長らくこんな疑問がありました。それは――、
「選択肢問題は、本文を正しく読めれば正解できるのだろうか？」
というものです。なぜなら、私には、
「選択肢問題は、本文を正しく読めたからといって正解できるとは限らない」
という感じが強くあったからです。

もちろん、本文を正しく読めることは読解問題において大切です。本文を正しく読めなければ、選択肢問題を含め、あらゆる読解問題を正しく解くことは難しいでしょう。しかし、私が感じていた問題はそこではありません。私の疑問をより明確に言うならば、
「本文を正しく読めているにもかかわらず、選択肢問題を正解できないことがあるのではないか」というものです。これは実際に多くの受験生を指導してきた実感です。

本文を正しく読めていないから、選択肢問題が解けない。――これはある意味で当然ではあります。そして選択肢問題の大半はこのレベルでの間違いでしょう。ですからこういう間違いの多い受験生は、まず本文を正しく読む練習が必要です。

しかし一方で、本文をそれなりに正しく読めているにもかかわらず選択肢問題を間違えてしまうケースも少なくないのですね。

考えてみれば、受験生にとってこれほど恐ろしいことはないのではないでしょうか。

なぜなら、わかっているのに解けないのですから。

いったい、どうすればよいのでしょう。


選択肢問題を間違えた場合、多くの受験生は、塾や学校の先生、あるいは親にこう言われるでしょう。

「本文をしっかり読んでいないからダメなんだ！」

「筆者の言いたいことがわかっていない！」

「もっと丁寧《ていねい》に読みなさい！」

しかしこうした指摘は、「本文が正しく読めているにもかかわらず選択肢問題で間違えてしまう受験生」にとって、有益なアドバイスになりえるのでしょうか。なりえませんよね。そんなことは、本人にもよくわかっているのです。わかっているのに間違えるから悩んでいるのです。

私が本書で解消したいことは、まさにこの「本文がわかっているのに間違える」という選択肢問題をどうやって攻略するか、ということです。そしてその技術を伝えたいと思います。「技術」ですから、その通りにやればだれでも使えるようになります。


とはいえ、これからみなさんにお伝えしようとすることは、私が初めて考案した「オリジナルの解き方」でも何でもありません。私がかつて教わり、また昔から受験国語では広く知れ渡っている方法と言ってもいいものでしょう。その中のいくつかは、みなさんもどこかで聞いたことがあるかもしれません。でも案外、中学受験国語の参考書では、それらを詳しくまとめ、わかりやすく伝えているものがないように思います。ですから私は、それらに自分の経験を交えて、自分の言葉で、なるべくわかりやすく伝えられたらという思いからこの本を書きました。本書が選択肢問題に悩む受験生のお役に立つことができれば幸いです。

二〇二一年春　著者

本書の効果的な使い方

まずは〈第一章〉〈第二章〉を熟読し、選択肢問題の解き方を理解してください。

次に〈第三章〉を解きます。できれば一回目は本書のコピーを取り、そこに書き込みをしながら解くのがよいでしょう。ここで大切なことは、正解不正解にかかわらず、自分が解答として選んだ選択肢について、「なぜその選択肢を選んだのか」を明確にしながら解くことです。コピーしたものに、本書で学んだやり方にしたがって○×△などの印をつけながら、「なぜその選択肢を選んだのか」がわかるように解きましょう。

そしてそれをもとに、解答解説と照らし合わせながら、自分の考えが正しかったのか、あるいは違っていればどこがどう違っていたのかを確認し、学んでください。解答解説は、正解の選択肢を選ぶまでのプロセスをできるだけ詳しく書くように努めました。正解しているかどうかが大切なのではなく、自分の選び方が正しいかどうかに注目し、それを改善するという意識で取り組むことが大切です。

目次

第三章　選択肢問題・演習編

第一章

選択肢問題の解き方の技術

1　本文主義（答えの手がかりは本文にあり）

「次のア～エの中から最も適切なものを選びなさい」といった、いくつかの選択肢の中から解答を選ぶ問題は、一般的に「選択肢問題」と呼ばれていますが、国語の読解問題には、「選択肢問題」以外にも「抜き出し問題」、「記述問題」など、さまざまな問題形式があります。しかし、どのような問題形式であっても、問われていることはたった一つ、「本文にどう書いてあるか読み取れますか」ということなのです。

ですから読解問題を解くときに、**自分（解答者）が本文を読んでどう思ったかという、自分の考えや感想を解答に交えてはいけない**のですね。**自分勝手な思い込みは間違いのもと**になります。あくまで、「本文にどう書いてあるか」を正しく読み取り、それをもとに解答しなければなりません。そしてこの**「本文にどう書いてあるか」をもとに読み解いていくこと**を、私は**「本文主義」**と呼んでいます。国語の読解問題では、「本文にどう書いてあるか」が正答の唯一の基準です。本文に書いてあれば正しい、書いてなければ正しくない。そう考えてください。「選択肢問題」で正しい選択肢を選ぶときにも、この「本文主義」をいつも心がけてください。

2 傍線部のルール

国語の読解問題の大部分は、傍《ぼう》線部（――線部）について問われるものです。ですから、読解問題に正しく解答するために、まずは傍線部を正確に読み取れなければなりません。また、傍線部には答えのヒントが多く隠されています。選択肢問題を解くことも、傍線部を正しく理解することから始まります。

では、どうすれば傍線部を正しく理解できるのでしょう？ ここでは〈傍線部のルール〉として四つ見ていきます。

〈 傍線部のルール❶ 傍線部はいくつかの部分に分けて考える 〉

傍線部が長い場合には、傍線部自体が何を言っているのかがよくわからないことがありますね。そんなときには、傍線部をいくつかの部分に分けて考えてみるとその意味をつかみやすくなります。このルールは特に、後で説明する《内容説明問題》の、傍線部を言いかえる問題を解く際に必ずマスターしなければならない考え方でもあります。例題を見てみましょう。

【例題1】

テストで0点を取って意気消沈《いきしょうちん》ののび太は、帰り道に犬にかまれ、その日は踏《ふ》んだり蹴《け》ったりだった。

【問】傍線部はどういうことか。分けて考えなさい。

【解説】

傍線部がある程度長い場合には、分ける部分にスラッシュ（／）を入れ、傍線部をいくつかの部分に分けて考えることでその意味をとらえやすくなります。ただし、傍線部をいくつかの部分に分けるとき、助詞などをどちらに入れるべきかといった細かいことは、あまり気にしなくても構いません。また、あまり細かく分けすぎるとかえってわかりづらくなることもあります。傍線部を分けるのは、あくまで傍線部を理解するための一つの方法ですから、ざっくりと、自分が理解しやすい程度に分けるという感覚でやってください。たとえば、次の解答くらいに分けて考えてみましょう。

【解答】

（1）テストで0点を取って意気消沈ののび太は／（2）帰り道に犬にかまれ、／（3）その日は踏んだり蹴ったりだった。

そしてこのように分けた後、わかりづらい言葉が含まれている部分については、それぞれ次のように考えることで、傍線部がどんなことを言っているのかを理解していきます。

↓（1）「意気消沈」とはどんな意味か？

↓（3）「踏んだり蹴ったり」とはどういうことか？

ちなみに、

（1）「意気消沈」＝元気をなくして、落ち込むこと。

（3）「踏んだり蹴ったり」＝不運や災難などが続き、さんざんな目にあうこと。

という意味ですから、傍線部をわかりやすい言葉で言いかえると、

テストで0点を取って**元気をなくし、落ち込んでいた**のび太は、／帰り道に犬にかまれ、／その日は**不運や災難などが続き、さんざんな目にあった**。

という意味になります。選択肢を選ぶ際には、これに最も近い選択肢を選べばよいということになります。

〈 傍線部のルール❷　傍線部内の指示語・比喩・わかりにくい表現は言いかえる 〉

傍線部の内容を正しく理解するためには、傍線部内の指示語・比喩・わかりにくい表現を、わかりやすい言葉で言いかえて読むことが有効です。これも後で説明する《内容説明問題》の、傍線部を言いかえる問題を解く際に必ずマスターしなければならないルールです。次の例題を見てください。

【例題2】

ある日突然、ドラえもんがいなくなってしまった。思いもよらぬ事態に目の前が真っ暗になり、のび太は数日間、誰に話しかけられても上の空だった。

【問】傍線部はどういうことか。わかりやすく言いかえなさい。

【解説】

まず、**傍線部のルール❶ 傍線部はいくつかの部分に分けて考える**で傍線部を分けてみると、次のようになります。

（1）思いもよらぬ事態に／（2）目の前が真っ暗になり、／（3）のび太は数日間、誰に話しかけられても／（4）上の空だった。

このように分けたら、次に、それぞれの部分に含まれる指示語・比喩・わかりにくい表現を、わかりやすい別の言葉で言いかえましょう。**（傍線部のルール❷　傍線部内の指示語・比喩・わかりにくい表現は言いかえる）**

・（1）「思いもよらぬ事態に」……傍線部の直前に「ある日突然、ドラえもんがいなくなってしまった」とありますから、「思いもよらぬ事態」とは当然、「ある日突然、ドラえもんがいなくなってしまったこと」だとわかります。

・（2）「目の前が真っ暗になり」……「目の前が真っ暗になる」とは、「望みが失われ、どうしてよいかわからなくなる」という意味で用いられる言葉です。ドラえもんがいなくなり、のび太は「どうしたらよいかわからない状態になった」ということですね。

・（3）「のび太は数日間、誰に話しかけられても」……特にわかりにくい部分はありませんので、そのままにします。

・（4）「上の空だった」……「上の空」とは「他のことに心が奪われて、そのことに注意が向かない状態。心が浮き立って落ち着かないさま」を表します。のび太はドラえもんがいなくなったことが気がかりで、人に話しかけられてもそちらに注意が向かない状態だった、つまり簡単に言いかえると「ぼんやりしていた」というわけですね。

ここまでをまとめてみると、次のように言いかえられることがわかりますね。

（1）思いもよらぬ事態に／（2）目の前が真っ暗になり、／（3）のび太は数日間、誰に話しかけられても／（4）上の空だった。

↓

（1）ある日突然、ドラえもんがいなくなってしまったことに／（2）どうしたらよいかわからない状態になり、／（3）のび太は数日間、誰に話しかけられても／（4）ぼんやりしていた。

したがって、これをもとに解答を作ればよいでしょう。「どういうことか」と聞かれていますから、文末は「〜こと。」で結びます。そして選択肢を選ぶときには、この言いかえた表現をもとに選択肢を選んでいきます。

【解答】
ある日突然、ドラえもんがいなくなってしまったため、どうしたらよいかわからなくなり、のび太は数日間、誰が話しかけてもぼんやりしていたということ。

＜傍線部のルール❸　傍線部内の言葉と同じ言葉（似た言葉）に注目する＞

これも傍線部の内容を理解するためのもう一つの大切なルールです。特に、傍線部内の言葉を別の言葉で言いかえようとするとき、その言いかえる別の言葉を探すのに役立ちます。次の例題の中で確かめてみましょう。

【例題3】

強いものには巻かれるタイプのスネ夫の良いところは何かと聞かれて、すぐさま答えられる人はなかなか少ないだろう。それならば、乱暴でわがままだけれど、スネ夫のように人の機嫌をとるようなことはしないジャイアンの方がまだましだと言う人の方が多いかもしれない。しかし、多かれ少なかれ、誰の中にもスネ夫はいるものである。スネ夫をそう嫌わないで欲しい。誰もがジャイアンのようになれるわけではないのだ。

【問】　傍線部はどういうことか。説明しなさい。

【解説】

傍線部のルール❶　傍線部はいくつかの部分に分けて考えるにより、まずは傍線部を詳しく見ていきましょう。

（1）誰の中にも／（2）スネ夫はいる

さて、ここでわかりにくいのは、「(2) スネ夫はいる」の部分でしょう。もちろんこれは「スネ夫のような性質がある」といった意味での比喩的な表現ですが、**傍線部のルール❷ 傍線部内の指示語・比喩・わかりにくい表現は言いかえる**によって、もう少しわかりやすく言いかえて考えることが大切です。

・(2)「スネ夫はいる」……ここで言う「スネ夫」とはどんな人物なのでしょうか。それを読み取るために、**傍線部のルール❸ 傍線部内の言葉と同じ言葉(似た言葉)に注目する**を用いて、次のように、**「スネ夫」という言葉を本文中の他の部分から探します。**

強いものには巻かれるタイプの**スネ夫**の良いところは何かと聞かれて、すぐさま答えられる人はなかなか少ないだろう。それならば、乱暴でわがままだけれど、**スネ夫**のように人の機嫌をとるようなことはしないジャイアンの方がまだましだと言う人の方が多いかもしれない。しかし、多かれ少なかれ、誰の中にも**スネ夫**はいるものである。スネ夫をそう嫌わないで欲しい。誰もがジャイアンのようになれるわけではないのだ。

すると、「スネ夫」とは次のような人物だということが読み取れますね。

・強いものには巻かれるタイプのスネ夫
・スネ夫のように人の機嫌をとる

つまり、「スネ夫」＝「人の機嫌を取り、強いものには巻かれるタイプの人物」だとわかります。
これにより、(2)「スネ夫はいる」の部分は、

スネ夫はいる
↓
スネ夫のような性質がある
↓
人の機嫌を取り、強いものには巻かれる性質がある

と言いかえることができそうです。

このように、傍線部のルール❸ 傍線部内の言葉と同じ言葉（似た言葉）に注目する では、**傍線部内の言葉と同じ言葉（似た言葉）を本文の他の部分から探すことによって、傍線部内の言葉を理解するヒントを得ることができます。**

ここまでのことをもとに傍線部「誰の中にもスネ夫はいる」を説明すると、次のようになるでしょう。

【解答】 誰の中にも、人の機嫌を取り、強いものに巻かれる性質があるということ。

〈 傍線部のルール❹　傍線部に省略された主語・述語・目的語を補う 〉

傍線部の内容を理解する上でもう一つ有効なのが、傍線部に省略された主語・述語・目的語を補うことです。早速、例題で考えてみましょう。

【例題4】


いつもの空き地がとなり町の中学生たちに占領されて使えなくなった、とジャイアンとスネ夫が言ってきた。いままで使っていた広場が工事で入れなくなったとかで、となり町の中学生がこっちの空き地を使うことにしたらしい。

「それでぼくらの空き地を？　そんな勝手な！」とのび太が言う。

「な、勝手だと思うだろ。誰だって思うよな」とジャイアン。

「おれたち、このまま黙《だま》っていていいだろうか！」

ジャイアンとスネ夫がのび太にそう訴《うった》えかけるので、のび太は正義感から、

「よくない！」と叫んだ。「相手が中学生だろうがなんだろうが、ぼくらの権利は、断固《だんこ》として守るべきだ！」

するとジャイアンとスネ夫は顔を見合わせてにっこりと笑い、さすがはのび太だ、そこまで言うなら、中学生たちから空き地を取り戻してこいと言う。

「責任もって取り返せよ！」そう言い残して、ジャイアンとスネ夫は帰ってしまった。

「そんなむちゃな…」

こんな展開になるとは思ってもみなかったのび太は、途方に暮れてしまった。

【問】傍線部はどういうことか。説明しなさい。

【解説】

傍線部のルール❹ 傍線部に省略された主語・述語・目的語を補う により、傍線部「よくない」に省略されている主語を補ってみましょう。何が「よくない」のかといえば、

・「おれたち、このまま黙《だま》っていていいだろうか！」

と本文にありますから、「このまま黙っていること」が「よくない」のだと考えられます。したがって主語を補うと、傍線部は次のようになります。

主語（〜は／〜が）
このまま黙っていることは／よくない

次に、**傍線部のルール❷ 傍線部内の指示語・比喩・わかりにくい表現は言いかえる** により、「このまま」という指示語が指すものを言いかえます。これも本文に、

・いつもの空き地がとなり町の中学生たちに占領されて

とありますから、「このまま」とは「いつもの空き地をとなり町の中学生たちに占領されたまま」と言いかえられますね。

また、「黙っている」とはどういうことでしょうか。これも「取り返さずにいる」と言いかえた方がわかりやすいですね（**傍線部のルール❷ 傍線部内の指示語・比喩・わかりにくい表現は言いかえる**）。よって、傍線部はさらに次のように考えられます。

いつもの空き地をとなり町の中学生たちに占領されたまま取り返さずにいることは／よくない

いかがでしょうか？ 主語を補ったり、言いかえたりすることによって、文章の意味がわかりやすくなりましたね。

これをもとに解答を作ると次のようになります。

【解答】 いつもの空き地をとなり町の中学生たちに占領されたまま取り返さずにいることはよくないということ。

3 予想解答と積極法

選択肢問題が苦手だという受験生はたいていこんなことを言います。

「最後の二つで迷って間違えるんです…」
「最後の二つまではしぼれたけど、そこから先がわからない！」

…心当たりはありませんか？

そう。選択肢問題は「最後の二つ」で間違えるのです。よくわかります。ですから、

「本文をよく読みなさい！」
「注意が足りないんじゃないの？」

なんて誰かにアドバイスをしてもらっても、実はあまり役に立たないのです。なぜなら、選択肢問題の「最後の二つ」で間違える人は、きっと次のように思っているからです。

「そんなことわかってるよ！　知りたいのは、『最後の二つ』をどうやって見分けるかなんだよ！」

そうですよね？

「最後の二つ」を解決しない限り、いつまで経っても選択肢問題が得意にはならないわけです。

そこでこれから、「最後の二つ」を正しく選ぶ方法を話します。ちょっとカッコいい言葉で言えば、

正しい選択肢を選ぶ技術

です。


ところで、本書でいままでお話ししてきたことは理解できていますか。

「本文主義」「傍線部のパターン」はしっかりと頭に入っていますか。

「はい！」と答えられる人は次のところを読んでください。

「いいえ」の人は……次のところを読んでからでいいので、また復習しましょうね。


…………………………………………


さて、「正しい選択肢を選ぶ技術」には、大きく分けて二つの技術があります。一つ目が、**「予想解答」**を作ること。二つ目が**「消去法」**です。ここではまず「予想解答」を作ることについてお話しします。

「予想解答」とは、その字の通りですが、もう少し詳しく言うと、「選択肢を選ぶ前に考えておくべき、その問いの答えとして予想される解答」のことです。選択肢問題を解くときには、**本文をもとにして「こんな答えになるだろうな」という予想解答を考えておいて、それに沿って選択肢を選んでいくこと**が大切です。ちなみに、正解とは考えられない部分を見つけてそれを消していく選択肢の選び方は「消去法」と呼ばれていますが、本書では、**「予想解答」に則《そく》した選択肢を選んでいく方法を「積極法」と呼ぶことにします**（「積極法」は著者の造語です）。

では、この「積極法」とはどのようなものか。例題を通して確認してみましょう。

【例題5】

いつもの空き地がとなり町の中学生たちに占領されて使えなくなった、とジャイアンとスネ夫が言ってきた。いままで使っていた広場が工事で入れなくなったとかで、となり町の中学生がこっちの空き地を使うことにしたらしい。

「それでぼくらの空き地を？　そんな勝手な！」とのび太が言う。

「な、勝手だと思うだろ。誰だって思うよな」とジャイアン。

「おれたち、このまま黙《だま》っていていいだろうか！」

ジャイアンとスネ夫がのび太にそう訴《うった》えかけるので、のび太は正義感から、

「よくない！」と叫んだ。「相手が中学生だろうがなんだろうが、ぼくらの権利は、断固《だんこ》として守るべきだ！」

するとジャイアンとスネ夫は顔を見合わせてにっこりと笑い、さすがはのび太だ、そこまで言うなら、中学生たちから空き地を取り戻してこいと言う。

「責任もって取り返せよ！」そう言い残して、ジャイアンとスネ夫は帰ってしまった。

「そんなむちゃな…」

こんな展開になるとは思ってもみなかったのび太は、途方に暮れてしまった。

【問】　傍線部「そんなむちゃな…」とありますが、何が「むちゃ」なのですか。最も適当なものを記号で選びなさい。

ア　再びのび太たちが空き地を使えるようにすること
イ　空き地を返すようにと中学生たちを説得すること
ウ　中学生たちが空き地を使えないようにすること
エ　中学生たちのところへ空き地を返して欲しいと言いに行くこと

【解説】

さて、本文に基づいて〈予想解答〉を考えてみましょう。本文に次のようにあります。

・するとジャイアンとスネ夫は顔を見合わせてにっこりと笑い、さすがはのび太だ、そこまで言うなら、**中学生たちから空き地を取り戻してこい**と言う。

「**責任もって取り返せよ！**」そう言い残して、ジャイアンとスネ夫は帰ってしまった。

右の太字部分から〈予想解答〉を考えると、「むちゃ」とは〈**中学生たちから空き地を取り返してくること**〉といった内容が考えられますね。**この〈予想解答〉をもとに、選択肢を選んでいくわけです（積極法）。**

選択肢は通常、本文の言葉を言いかえて作られています。選択肢「ア」の「再びのび太たちが空き地を使えるようにする」とは、予想解答の「中学生たちから空き地を取り返してくる」と**内容的には同じで、言葉を言いかえたもの**だとわかりますか。つまり「空き地を取り返してくる」＝「空き地を使えるようにする」という言いかえになっているわけです。したがって正解は「ア」の選択肢となります。

ちなみに、「ア」以外の選択肢は、次のような理由で選ぶことができません。

イ　空き地を返すようにと中学生たちを説得すること（↓「説得する」とは本文に書かれていません）

ウ　中学生たちが空き地を使えないようにすること（↓「使えないようにする」とは本文には書かれていません）

エ　中学生たちのところへ空き地を返して欲しいと言いに行くこと（↓「空き地を返して欲しいと言いに行く」かどうかまでは本文からは読み取れません。あくまでのび太は、空き地を取り返すようにと言われているだけです）

選択肢「ア」は本文の言葉を言いかえて作られているため、「予想解答」を考えずに選択肢を選んだ場合、正解だとは気づきにくいのではないでしょうか。ですから、「予想解答」を考えておくことは、このような言いかえに騙されないようにするための非常に有効な方法なのですね。

大切なことなので繰り返しますが、選択肢問題の正解の選択肢は、本文の言葉を言いかえて作られています。したがって、選択肢を選ぶときには、「本文を言いかえて作られた選択肢を選ぶのだ」という意識を持たなければ正解は選べません。

では、選択肢が本文を言いかえて作られているのだとすれば、いったい何を基準に選択肢を選べばよいのでしょうか。

——そうです。それが「予想解答」なのですね。

だからこそ、「答えはこういうものになるはずだ！」という「予想解答」が、正解の選択肢を選ぶ際に不可欠なのです。

逆に言えば、選択肢問題の「最後の二つ」で迷うということは、そもそも「予想解答」を作っていないか、あるいはそれがかなりあいまいな場合が多いのではないでしょうか。

基準なしには正解は選べませんね。また、正解が選べないのは基準がないからでしょう。ですから、選択肢問題の「最後の二つ」で迷わないためにも、「予想解答」をいつも作ることを心がけてください。もっとも、「予想解答」は文章として紙に書く必要はありません。頭の中で考えればいいだけです。簡単ですね。

一番ダメなのは、選択肢の中だけで正解を選ぼうとすることです。なぜなら、正解の基準がなければ、正解は選びようがないからです。

【解答】 ア

4 消去法

これまで、選択肢を選ぶ際には〈予想解答〉を作り、それに合う選択肢を選ぶ方法（積極法）が大切だという話をしました。選択肢問題は「積極法」で解くのが基本です。しかし、正しい選択肢を選ぶには、「積極法」だけでなく、「消去法」を上手く使いこなすことが欠かせません。**選択肢問題では、「積極法」と「消去法」を同時に使いながら解くのが一番安全で正確な解き方です。**

では、「正しい選択肢を選ぶ技術」の二つ目の「消去法」のやり方を詳しく説明します。一般的に、選択肢問題での「消去法」とは、選択肢としては不適切なものを見つけて、消していくというやり方のことです。

ただ、一口に「消去法」と言っても、そこにはいくつかのポイントがあります。大切なことは、どういうところを「消去」するのかということでしょう。選択肢に次のような箇所が含まれている場合には、その箇所に×をつけて「消去」します。

《×をつけて消去すべき主なポイント》

① 〈予想解答〉や本文と明らかに違うもの（チガ）
② 本文に書かれていないもの（ナシ）
③ 本文に書かれているが、質問に対してズレているもの（ズレ）
④ 言いすぎているもの（スギ）

さて、これらの消去ポイントについて、次の例題で確認してみましょう。

【例題6】

いつもの空き地がとなり町の中学生たちに占領されて使えなくなった、とジャイアンとスネ夫が言ってきた。いままで使っていた広場が工事で入れなくなったとかで、となり町の中学生がこっちの空き地を使うことにしたらしい。

「それでぼくらの空き地を？　そんな勝手な！」とのび太が言う。

「な、勝手だと思うだろ。誰だって思うよな」とジャイアン。

「おれたち、このまま黙《だま》っていていいだろうか！」

ジャイアンとスネ夫がのび太にそう訴《うった》えかけるので、のび太は正義感から、

「よくない！」と叫んだ。「相手が中学生だろうがなんだろうが、ぼくらの権利は、断固《だんこ》として守るべきだ！」

するとジャイアンとスネ夫は顔を見合わせてにっこりと笑い、さすがはのび太だ、そこまで言うなら、中学生たちから空き地を取り戻してこいと言う。

「責任もって取り返せよ！」そう言い残して、ジャイアンとスネ夫は帰ってしまった。

「そんなむちゃな…」

こんな展開になるとは思ってもみなかったのび太は、途方に暮れてしまった。

【問】傍線部「こんな展開」とはどのようなことですか。最も適当なものを記号で選びなさい。

ア　中学生たちから工事で使えなくなった広場を取り返してくること

イ　中学生たちから空き地を取り返すまで仲間外れにされること

ウ　無理難題を言われてのび太が途方に暮れてしまったこと

エ　いつもの空き地を誰にも使わせないようにしなければならないこと

オ　空き地を取り返す責任を自分だけに負わされてしまったこと

【解説】

「こんな展開」の〈予想解答〉は、〈責任を持って中学生たちから空き地を取り返さなければならなくなったこと〉あたりが考えられるでしょう。「消去法」を使いながら、〈予想解答〉に適する選択肢を選んでいくプロセスを見ていきます。

なお、「消去法」を行うときには、選択肢をスラッシュ（／）でいくつかの部分に区切って細かく選択肢を見ていくと効果的です。これを「スラッシュ作戦」（筆者の造語です）と呼んでいきます。スラッシュを入れるべき箇所に厳密な決まりがあるわけではありませんから、各自のやりやすいようにやればよいと思いますが、読点（「、」）や意味の区切れで入れるとわかりやすいと思います。

たとえば、次のように行えばよいでしょう。

ア　中学生たちから／工事で使えなくなった広場（×チガ）を／取り返してくること

→取り返すのは「工事で使えなくなった広場」ではなくて「空き地」です。予想解答と矛盾しており「チガ」です。

イ　中学生たちから／空き地を取り返すまで／仲間外れにされる（×ナシ）こと

→「仲間外れにされる」とは本文中には書かれていませんね。書かれていないことは間違いですから、「ナシ」。

ウ　無理難題を言われて／のび太が途方に暮れてしまったこと ×ズレ

→「のび太が途方に暮れてしまった」と本文に書かれてはいますが、「こんな展開」とは全く関係ないこと。「ズレ」。

エ　いつもの空き地を／誰にも使わせないようにしなければならないこと ×スギ

→中学生から空き地を取り返すのであって、「誰にも使わせない」とまでは書かれていません。「誰にも」のような「言い過ぎの言葉」は他に、「すべて」「必ず」「絶対に」「だけ」「決して〜ない」などがあります。これらはあらかじめ覚えておくとよいでしょう。

オ　空き地を／取り返す責任を／自分だけに負わされてしまったこと

→言葉としては言いかえてありますが、これは「予想解答」の「責任を持って中学生たちから空き地を取り返さなければならなくなったこと」とほぼ一致しますね。これが正解になります。

いかがでしょうか。もちろん、「チガ」「ナシ」「ズレ」「スギ」といった分類は、正解にならない選択肢を消去しやすくするためのものであり、どの選択肢がどの分類に当たるのかに時間をかけたりする必要はありません。**また、本書の【解説】では、間違いの理由を説明するために「チガ」「ナシ」「ズレ」「スギ」という分類を明記していますが、受験生が問題を解く際には、それらをいちいち記入する必要はありません。間違っている部分には単に「×」とだけ書けばよいでしょう。**ちなみに、ここで紹介した「チガ」「ナシ」「ズレ」「スギ」以外にも、「時系列の前後の誤り（マエ、アト）」などもあります。

【解答】 オ

◆記憶で解かないこと

選択肢を選ぶときには、「これって確か本文に書いてあったよな…」などと記憶だけで解かず、必ず選択肢と本文を照らし合わせて確認することが大切です。なぜかといえば、その選択肢が正しいか正しくないかは、本文に書いてあるかどうか、本文から読み取れるかどうかが基準になるからです。選択肢問題を間違える場合、最大の理由の一つが、選択肢と本文との照らし合わせ不足です。

◆保留の「△」について

本文から読み取れるかどうか不確かなときってありますよね。そんなところには△をつけ、ひとまずは保留にしましょう。そしてすべての選択肢を吟味《ぎんみ》した後に、△で保留にした選択肢が複数あれば、それらを再び比較検討し直して、最終的に最もマイナスが少ない選択肢を選ぶようにします。

このときに有効なのが、**選択肢同士の「共通点」と「相違点」に着目して、「相違点」を比較検討すること**です。

たとえば次のような例を見てください。

ア　ドラえもんは、のび太とどら焼きを奪い合った。

イ　ドラえもんは、のび太としずかちゃんを奪い合った。

アとイの選択肢のどちらかで迷ったとしましょう（…今回は極端な例なので、迷わないかとは思いますが、迷ったことにして話を聞いてください）。その場合、次のように「スラッシュ作戦」でスラッシュを入れ、「共通点」と「相違点」に着目します。

ア　ドラえもんは、《共通》／のび太と《共通》／**どら焼きを**《相違》／奪い合った。《共通》

イ　ドラえもんは、《共通》／のび太と《共通》／**しずかちゃんを**《相違》／奪い合った。《共通》

そして「相違点」である、

ア　**どら焼きを**

イ　**しずかちゃんを**

の部分について、どちらが正しいのかを本文と照らし合わせて選びます。

実際の入試問題では、△で保留にする選択肢はそれなりに多くなると思います。そうした、△で保留した選択肢同士の比較検討については、後の「第三章」でより詳しく扱います。

第二章 選択肢問題の四つのパターン

第一章で、選択肢問題を解く際には、〈予想解答〉を作り、それに合う選択肢を選ぶ「積極法」と、本文や〈予想解答〉と合わないものを消去する「消去法」で解くということを説明しました。そして大切なことは、〈予想解答〉を基準に選択肢を選んでいくことだと強調しました。では、そもそも、〈予想解答〉とは、どのように作ればよいのでしょう。この章では、選択肢問題を四つのパターンに分け、パターン別の〈予想解答〉の作り方を学んでいきます。

「選択肢問題」と一口に言っても、実はいくつかのタイプが存在します。語彙《ごい》の意味を問うもの、空欄に当てはまる適切な言葉を選ばせるもの…などなど。「記述問題」でないものは大抵「選択肢問題」の部類に入るわけです。

そんな中、本書では主に、傍線部や本文内容についての正しい理解を問う選択肢問題を扱います。

そしてそうした選択肢問題は、大きく次の四つのパターンに分けることができます。

① 内容説明問題
② 理由問題
③ 気持ち問題
④ 内容正誤問題

それぞれのパターンによって問われていることが違うため、解答を求める際に気をつけなければならないことが異なってきます。ですから、選択肢問題を解く際には、まず、それが四つのどのパターンにあたるのかを区別することが大切です。それによって正しく解答できるかどうかが大きく違ってくるからです。ではそれぞれのパターンを見てみましょう。

1 内容説明問題

《内容説明問題》とは、傍線部や本文内容について「○○とはどういうことですか」「○○は何ですか」と問うタイプの問題です。これは傍線部の言いかえ説明であったり、問われている内容を正しく説明している選択肢を選ばせるものですが、要するに、**傍線部や問われている内容とイコールの関係にあることがらを選ぶ問題**だと考えることもできます。

どういうことか、簡単な例題で見てみましょう。

【例題7】 次の文章を読んで後の問いに答えなさい。

「のびちゃん！　のびちゃん！」

下でママが呼んでいる！　きっと今日のテストのことだ。また0点だったんだよな…。どうしよう。テストを見せたら、きっとママに怒られる。ああ、何かいい方法ないかな。ドラえも～ん、助けて！

【問】 のび太が恐れていることは何ですか。ア～エの中から最も適切なものを一つ選びなさい。

ア　下でママが呼んでいること

イ　今日のテストで0点をとったこと

ウ　ママに怒られること

エ　ドラえもん

【解説】

この問題は「のび太が恐れていること」は「何」か、と問われています。これは別の言い方をすれば、「のび太が恐れていることとは○○である」という文の○○に入るものを問われているのですね。

算数でいえば、

「のび太が恐れていること」＝「○○」

の関係が成り立つものを選びなさいという問題です。このように、**問われていることとイコール（＝）の関係が成り立つものを選ぶ問題が《内容説明問題》です。ですから《内容説明問題》では、問われていることとイコールの関係が成り立つことがらを本文から読み取り、それを〈予想解答〉とします。**もちろん、本問では「のび太が恐れていること」＝「ママに怒られること」ですね。よって「ウ」が正解です。

【解答】 ウ

◆「とは読み」「つまり読み」

しかし、不思議に思いませんか。

なぜ、「ウ」の「ママに怒られること」が正しいとわかるのでしょう。あるいは、なぜ「ウ」以外の選択肢が間違いだとわかるのでしょうか。

「そんなの当たり前じゃないか」と思うかもしれません。確かに、このようなことは「当たり前」すぎて、いままで誰にも注目されてこなかったかもしれません。しかし、勉強において、その「当たり前」をしっかり確認しておくことは案外大切です。

では、「ウ」の「ママに怒られること」がなぜ正しいか、です。

思い出してみてください。そもそもこの問題は、「のび太が恐れていることとは〇〇である」という文の〇〇に入るものを問われているのでしたね。

だとすれば、「のび太が恐れていること**とは**〇〇である」の〇〇の部分に「ママに怒られていること」を代入（＝代わりに入れてみること）してみることで、正しいかどうかがわかるはずです。次のような感じです。

〇　のび太が恐れていることとは**ママに怒られること**である。

どうでしょう。文が正しく成り立ちますね。よって、「ウ」の「ママに怒られていること」が正しいとわかります。

また、前と後ろがイコールの関係を表すときに使う言葉である「つまり」を用いて、

○　のび太が恐れていることとは、つまり**ママに怒られること**である。

としてもよいでしょう。

また、この逆を考えれば、他の選択肢が間違いであることもわかりますね。次の文はすべて成り立ちません。

×　のび太が恐れていることとは**下でママが呼んでいること**である。（選択肢「ア」）

×　のび太が恐れていることとは**今日のテストで0点をとったこと**である。（選択肢「イ」）

×　のび太が恐れていることとは**ドラえもん**である。（選択肢「エ」）

このように、《内容説明問題》の選択肢が正しいかどうかを判断するときに、選んだ選択肢が問われていることとイコールの関係になっているかどうかを確認することが非常に有効です。《内容説明問題》では、**【問われていること】**

＝**【選択肢】**になっているかどうかを確かめるために、

【問われていること】**とは**【選択肢】である。

【問われていること】は、**つまり**【選択肢】である。

という右の文を作ってみることで、自分の選択肢が正しいかどうかを確かめてください。文が正しく成り立たない場合には、選んだ選択肢が間違えている可能性が高いと考えます。（もちろん、問題を解いているときに、この文を書く必要はありません。確かめる作業は頭の中で行えば十分です）

そしてこの確かめ作業を本書ではこれ以降、**「とは読み」「つまり読み」**と呼んでいきます。（ちなみに、「とは読み」「つまり読み」は筆者の造語です）

さて、《内容説明問題》についての大切なことを確認しておきます。ぜひ覚えましょう。

- **内容説明問題では、問われていることとイコール（＝）の関係が成り立つことがらを〈予想解答〉とする。**
- **内容説明問題で、選んだ選択肢が正しいかを判断するには、「とは読み」「つまり読み」が有効。**

2 理由問題

《理由問題》とは、「○○はなぜか」「○○の理由は何か」というタイプの問題です。少し難しい言葉を使うと、ものごとの「因果関係（原因と結果の関係）」として正しい「原因・理由」の選択肢を選ばせる問題です。

でも、そもそも「原因・理由」とは何でしょうか。案外、これがよくわかっていない受験生が多いように思います。また、不親切なことに、参考書などを見ても、「原因・理由」とは何か、はっきりとは書かれていなかったりします。とても大切なことなのでよく覚えてくださいね。わかりやすく言うと、次のようになります。

「原因・理由」＝「結果」を直接的に生み出しているもの

たとえば、「ネズミに耳をかじられたから、ドラえもんはネズミがこわくなった」という場合を考えてみましょう。「ドラえもんはネズミがこわくなった」という「結果」を直接的に生み出しているのは、「ネズミに耳をかじられた（こと）」ですね。したがって、

「原因・理由」……ネズミに耳をかじられた

「結果」…………ドラえもんはネズミがこわくなった

という関係が成り立つと考えられるわけです。こう説明すると、当たり前のように感じられるかもしれませんが、その当たり前をしっかり確認しておくことも大切です。後で必ず役に立つときが来ます。

では、【例題8】を考えてみてください。

【例題8】 次の文章を読んで後の問いに答えなさい。

「のびちゃん！　のびちゃん！」

下でママが呼んでいる！　きっと今日のテストのことだ。また0点だったんだよな…。どうしよう。テストを見せたら、きっとママに怒られる。ああ、何かいい方法ないかなあ。ドラえも～ん、助けて！

【問】 のび太がドラえもんに助けを求めたのはなぜですか。ア～エの中から最も適切なものを一つ選びなさい。

ア　下でママが呼んでいるから

イ　今日のテストが0点だったから

ウ　ママにテストを見せたくないから

エ　ママに怒られない方法を知りたいから

【解説】

《理由問題》とは、ものごとの「因果関係」に関する問いです。もう少し詳しく言えば、設問で示した「結果」に対する「原因・理由」を選択肢から選ばせるというものです。ですから、まずはその設問での「結果」が何に当たるのかを正しくつかまえておかねばなりません。

では「結果」とは何でしょう。

それは、設問の「○○はなぜか」「○○の理由を説明しなさい」の○○の部分のことです。【例題8】では「のび太がドラえもんに助けを求めたのはなぜですか。」と問われていますから、「のび太がドラえもんに助けを求めた」が「結果」です。

すると、ここまでのことをふまえて、《理由問題》における〈予想解答〉の作り方を整理しておくと、次のようになります。

（1）「〇〇はなぜか」「〇〇の理由を説明しなさい」の〇〇を「結果」とする。

（傍線部が「結果」になっていることが多い）

（2）「結果」に対する「原因・理由」を本文中から読み取る。

さて、**《「原因・理由」＝「結果」を直接的に生み出しているもの》**ですから、「のび太がドラえもんに助けを求めた」という「結果」を直接的に生み出しているものは何か、と考えます。

本文では「ああ、何かいい方法（＝ママに怒られない方法）ないかなあ」→「ドラえも～ん、助けて！」というつながりになっていますね。したがって、〈予想解答〉は〈ママに怒られない方法を知りたいから〉と考えられます。よって選択肢は「エ」が正解。「ママに怒られない方法を知りたい」という気持ちが、「のび太がドラえもんに助けを求めた」という「結果」を直接的に生み出しています。

なお、《理由問題》の選択肢は、「原因・理由」として最も適するものを選ぶわけですが、たとえば選択肢「ア」はなぜ不正解なのでしょうか。

これは、「下でママが呼んでいるから（原因・結果）」と「のび太はドラえもんに助けを求めた（結果）」の間の因果関係があまり明確ではないからです。別の言い方をするならば、「下でママが呼んでいる」ということが、「のび太がドラえもんに助けを求めた」という「結果」を直接的に生み出しているとは考えられないわけです。少し意地悪く言えば、下でママが呼んでいたとしても、必ずしもドラえもんに助けが必要な状況かどうかはわからないですよね。もしかしたら、ママはほめようと思ってのび太を呼んだという可能性もある（…その可能性は少ないかもしれませんが）。ですから、「ア」は選択肢として「最も適切なもの」にはならないわけです。この「最も適切なもの」かどうかという考えは案外重要です。選択肢問題はあくまでいくつかの選択肢の中から「最も適切なもの」を選ぶ問題なのです。

【解答】 エ

◆「から読み」「なぜなら読み」

《理由問題》で、自分が選んだ選択肢が正しいかどうかを判断するには「から読み」「なぜなら読み」（これも筆者の造語）も有効です。

「から読み」とは、選択肢を「結果」の前につないで因果関係が正しいかを確認する次のような方法です。

○　**ママに怒られない方法を知りたいから**、のび太はドラえもんに助けを求めた。

また、「なぜなら読み」は、「結果」の後に「なぜなら」を使って選択肢をつないでみる次のような方法です。

○　のび太はドラえもんに助けを求めた。なぜなら**ママに怒られない方法を知りたいから**である。

「から読み」「なぜなら読み」は使いやすい方を使えばよいでしょう。もちろん、これによって間違いの選択肢を判断することもできます。

×　**下でママが呼んでいるから**、のび太はドラえもんに助けを求めた。（選択肢「ア」）
×　**今日のテストが0点だったから**、のび太はドラえもんに助けを求めた。（選択肢「イ」）
×　**ママにテストを見せたくないから**、のび太はドラえもんに助けを求めた。（選択肢「ウ」）

ちなみに、選択肢「ウ」は、「エ」に次いで正解に近い選択肢かもしれません。ただし先ほども書いた通り、**「最も適切なもの」を選ぶのが選択肢問題です**。「ウ」の選択肢の場合、「ママにテストを見せたくないから（原因・理由）」と「のび太はドラえもんに助けを求めた（結果）」との因果関係はやや離れているように感じられます。別の言い方をするならば、「ママにテストを見せたくない」という気持ちが、「のび太がドラえもんに助けを求めた」という「結果」を直接的に生み出しているとは考えられないわけですね。仮に選択肢「ウ」が「ママにテストを見せたくないので、テストを隠す方法を知りたいから」であれば正解といえるかもしれませんが、「ママにテストを見せたくないから」だけでは、「ママに怒られない方法を知りたいから」という選択肢「エ」の方が直接的、つまり、因果関係として「近い」選択肢でしょう。

因果関係が最も近い選択肢を選ぶ

近い　←←　因果関係　→→　遠い

（イ）今日のテストが０点だったから
（ア）下でママが呼んでいるから
（ウ）ママにテストを見せたくないから
（エ）ママに怒られない方法を知りたいから
（結果）のび太はドラえもんに助けを求めた

では、《理由問題》についての大切なことも再確認しておきましょう。これもぜひ覚えてください。

・「原因・理由」＝「結果」を直接的に生み出しているもの

・理由問題の〈予想解答〉の作り方

（1）「〇〇はなぜか」「〇〇の理由を説明しなさい」の〇〇を「結果」とする。

（傍線部が「結果」になっていることが多い）

（2）「結果」に対する「原因・理由」を本文中から読み取る。

・理由問題では、「から読み」「なぜなら読み」を活用して、因果関係が最も近い選択肢を選ぶ。

3 気持ち問題

《気持ち問題》とは、主に物語文で問われる「○○の気持ちを答えなさい」「○○の心情を説明したものを選びなさい」といったタイプの問題です。ですから当然、本文から登場人物の「気持ち」を読み取らなければなりません。「うれしい」とか「悲しい」とか「怒っている」とか「安心した」とか、そんなふうに「気持ち」が直接本文に書かれていることもありますが、多くの場合、登場人物の「気持ち」は直接表されておらず、解答者が文章から読み取れなければなりません。《気持ち問題》が苦手な人はここがどうも得意ではなさそうです。

では、「気持ち」とはどのように読み取ればいいのでしょう。「気持ち」の読み取りのコツは、本文中の次の二つに注目して読み取ることです。

① 言動…人物の様子（セリフ、行動、表情）から気持ちを読み取る。

（例・セリフ）…「お前はいいよな」と彼は言い残して立ち去った。→「うらやましさ」「嫉妬」

（例・行動）父はこぶしで机をたたき、大声で私を呼んだ。→「怒り」

（例・表情）それを聞くと、彼は急に目を輝かせた。→「喜び」「うれしさ」「期待」

② 情景描写…天気や風景の描写に人物の気持ちが表れていると考える。

（例）突然、雲行きが怪しくなってきた。→「不安」「心配」

このとき、言動や情景描写を頭の中で映像化してイメージすることがポイントです。実際、物語文の「気持ち」は

「言動」から読み取ることがほとんどですから、どういった「言動」からどういった「気持ち」が読み取れるのかは、ある程度訓練しておくのがよいでしょう。**自分だったらこうするといった「フィーリング」で読むことは失敗の元となります。**

また、多くの場合、《気持ち問題》の選択肢には、その「気持ち」になった「理由」も含まれています。ですから、《気持ち問題》では、登場人物の「気持ち」だけでなく、なぜその「気持ち」になったのかという「理由」も読み取ることが必要です。つまり、《気持ち問題》で〈予想解答〉を作るには、

(1) 言動・情景描写から「気持ち」を読み取る。
(2) その「気持ち」になった「理由」を読み取る。
(3) 〈予想解答〉は「理由+気持ち」で作る。

というプロセスが必要だということです。このあたりのことを、例題を通して見ていきましょう。

【例題9】 次の文章を読んで後の問いに答えなさい。

「のびちゃん!　のびちゃん!」

下でママが呼んでいる!　きっと今日のテストのことだ。また0点だったんだよな…。どうしよう。テストを見せたら、きっとママに怒られる。ああ、何かいい方法ないかなあ。ドラえも〜ん、助けて!

【問】のび太がママに呼ばれたとき、どのような気持ちでしたか。ア～エの中から最も適切なものを一つ選びなさい。

ア　今日のテストのことで叱られると思い、悲しくなっている。

イ　今日のテストで0点だったが、ママに叱られたくないと思っている。

ウ　今日のテストを隠していることがばれたので、ママに怒られると思っている。

エ　今日のテストの結果を知られたくないので、ドラえもんに隠して欲しいと思っている。

【解説】

ア～エの選択肢を見ると、次のように、いずれも「理由」と「気持ち」が書かれていることがわかりますか。

ア　今日のテストのことで叱られると思い、／悲しくなっている。

イ　今日のテストで0点だったが、／ママに叱られたくないと思っている。

ウ　今日のテストを隠していることがばれたので、／ママに怒られると思っている。

エ　今日のテストの結果を知られたくないので、／ドラえもんに隠して欲しいと思っている。

このように《気持ち問題》では、選択肢が「理由」と「気持ち」で構成され、「理由＋気持ち」の形になっているのが一般的です。ですから、「理由」の部分も「気持ち」の部分もともに最も適切な選択肢を選ばなければなりません。そこで〈予想解答〉を作る際には、本文から「気持ち」だけでなく「理由」も読み取り、〈予想解答〉を「理由＋気持ち」の形で作る必要があるということがわかります。

では、〈予想解答〉を考えてみます。

《気持ち問題》ではまず、登場人物の「言動」や「情景描写」から「気持ち」を読み取ります。ここではのび太の言動に着目し、のび太の様子を頭の中で映像化してイメージしてみましょう。すると、本文からは、おおよそ次のような「気持ち」が読み取れますね。（本文は斜体表記）

・どうしよう。**→動揺している**
・テストを見せたら、きっとママに怒られる。**→ママに怒られるのが怖い**
・ああ、何かいい方法ないかなあ。ドラえも～ん、助けて！ **→ドラえもんに助けて欲しい**

では、なぜのび太は〈動揺し、ママに怒られるのが怖く、ドラえもんに助けて欲しいと思っている〉のでしょうか。その「理由」を本文に求めると、次のあたりからわかりそうです。

・きっと今日のテストのことだ。また0点だったんだよな…。どうしよう。テストを見せたら、きっとママに怒られる。

つまり、〈今日のテストで0点を取ったので、テストを見せたらきっとママに怒られるから〉でしょう。よってこれらを踏まえて、「理由＋気持ち」で〈予想解答〉を作ると、〈今日のテストで0点を取ったので、テストを見せたらきっとママに怒られるから、動揺し、ママに怒られるのが怖く、ドラえもんに助けて欲しいと思っている〉などとなるでしょう。

では、この〈予想解答〉や本文と照らし合わせながら一つ一つの選択肢を見ていきましょう。

ア　今日のテストのことで叱られると思い、（理由○）／悲しくなっている。（気持ち×）

（↓「悲しくなっている」が読み取れる言動はありません）

イ　今日のテストで0点だったが、理由○／ママに叱られたくないと思っている。気持ち○

（↓選択肢の「ママに叱られたくないと思っている」は、予想解答の「ママに怒られるのが怖く」とほぼ同じですから、これは○と考えてよいでしょう）

ウ　今日のテストを隠していることがばれたので、理由×／ママに怒られると思っている。気持ち○

（↓本文に「今日のテストを隠していることがばれた」ということは書かれていません）

エ　今日のテストの結果を知られたくないので、理由○／ドラえもんに隠して欲しいと思っている。気持ち×

（↓本文には「ドラえも～ん、助けて！」とありますが、「（テストを）隠して欲しい」とまでは書かれていません）

【解答】 イ

最後に《気持ち問題》で大切なことを確認しておきます。

・登場人物の「気持ち」は、「言動」や「情景描写」から読み取る（映像化してイメージする）。

・気持ち問題の〈予想解答〉の作り方

（1）言動・情景描写から「気持ち」を読み取る。

（2）その「気持ち」になった「理由」を読み取る。

（3）〈予想解答〉は「理由＋気持ち」で作る。

4 内容正誤問題

《内容正誤問題》とは、本文の内容にあてはまる（または、あてはまらない）選択肢を選ぶタイプの問題です。正しい選択肢に○、正しくない選択肢に×をつけるというタイプの問題もこれに入ります。

これは理屈抜きに、選択肢と本文を照らし合わせて、正しいかどうかをていねいに確認することが求められます。

これも例題で見てみましょう。

【例題10】 次の文章を読んで後の問いに答えなさい。

「のびちゃん！　のびちゃん！」

下でママが呼んでいる！　きっと今日のテストのことだ。また0点だったんだよな…。どうしよう。テストを見せたら、きっとママに怒られる。ああ、何かいい方法ないかなあ。ドラえも～ん、助けて！

【問一】 次のア～エの中から本文の内容として適当なものを一つ選びなさい。

ア　のび太は今日のテストで0点を取ってしまったが、今後どうしたらよいかわからない。

イ　下でママが呼んでいるが、のび太はまだ二階でドラえもんと一緒にいる。

ウ　のび太は今日のテストで0点を取ったにもかかわらず、ママに叱られずに済ませたい。

エ　のび太がまた0点を取ったので、ママは怒ろうと思っている。

【問二】本文の内容に当てはまるものには○、当てはまらないものには×をつけなさい。

ア　のび太のママは一階にいる。
イ　のび太はテストでいつも0点ばかり取っている。
ウ　困ったことがあると、のび太は必ずドラえもんに助けを求める。
エ　のび太はママにのびちゃんと呼ばれている。

【解説／問二】

《内容正誤問題》で大切なことは、選択肢と本文をていねいに照らし合わせることです。ですから〈予想解答〉を作る必要はありません。選択肢を区切って（スラッシュ作戦）、一つ一つていねいに見ていきます。

ア　のび太は今日のテストで0点を取ってしまったが、／今後どうしたらよいかわからない。×ナシ
（↓「今後どうしたらよいかわからない」とは本文から読み取れません）

イ　下でママが呼んでいるが、／のび太はまだ二階で×ナシドラえもんと一緒にいる。×ナシ
（↓のび太が「二階」にいるかどうかは本文からはわかりません。また「ドラえもんと一緒にいる」かどうかも確かではありません）

ウ　のび太は今日のテストで0点を取ったにもかかわらず、／ママに叱られずに済ませたい。

エ　のび太がまた0点を取ったので、／ママは怒ろうと思っている。×ナシ
（↓ママに怒られるとのび太は思っていますが、「ママは怒ろうと思っている」かどうかは、本文からわかりません）

【解答／問一】　ウ

…………………………………………………………

【解説／問二】

本文に書いてあるかどうか、本文から読み取れるかを丁寧に確認しましょう。**読解問題においては、「本文に書いてあれば（または、本文から当然読み取れれば）正しい」、「本文に書いてなければ間違い」というのが絶対の基準（本文主義）です。**「ドラえもん」の話を知っている人にとっては、のび太の自宅は二階建てであるとか、テストでは0点ばかり取っているということを知っているかもしれませんが、それらが本文から読み取れなければ「正しい」とはいえません。

ア　のび太のママは一階《×ナシ》にいる。（↓本文に「下で」とはありますが、「一階」かどうかはわかりません）

イ　のび太はテストでいつも《×スギ》0点ばかり取っている。（↓本文から「いつも」かどうかはわかりません）

ウ　困ったことがあると、／のび太は必ず《×スギ》ドラえもんに助けを求める。（↓本文から「必ず」かどうかはわかりません）

エ　のび太はママにのびちゃんと呼ばれている。（↓これは本文から読み取れます）

選択肢「イ」の「いつも」や、選択肢「ウ」の「必ず」は「スギ」で×です。このような言い過ぎの言葉にはいつも注意しましょう。

【解答／問二】　ア＝×、イ＝×、ウ＝×、エ＝○

5 選択肢問題の解き方の手順

次の章からは選択肢問題の演習に入りますが、その前に、これまで学んだことをふまえて、選択肢問題の解き方の手順をまとめておきます。**なお、この手順は覚えて、使いこなせるようにしましょう。**

＊まず、選択肢問題が四つのどのパターン（①内容説明問題／②理由問題／③気持ち問題／④内容正誤問題）に当たるのかを判別します。その上で、〈予想解答〉を考える必要のある「A：傍線部に関する問題」と、〈予想解答〉を考える必要のない「B：本文全体に関する問題」の、それぞれの手順にしたがって解きます。

A：傍線部に関する問題（①内容説明問題／②理由問題／③気持ち問題）

手順❶　〈傍線部のルール〉により、傍線部を正しく理解する。

手順❷　本文をもとに、〈予想解答〉を作る。［注1］

手順❸　「消去法」を使いながら、〈予想解答〉に最も近い選択肢を「積極法」によって選ぶ。［注2］

手順❹　答えが決まらない場合、最もマイナス点の少ない選択肢を正解として選ぶ。［注3］

B：本文全体に関する問題（④内容正誤問題）

手順❶　本文と選択肢の照らし合わせを行い、「消去法」で選ぶ。［注2］

手順❷　答えが決まらない場合、最もマイナス点の少ない選択肢を正解として選ぶ。［注3］

［注1］〈予想解答〉の作り方は、傍線部に関する問題（①内容説明問題／②理由問題／③気持ち問題）のパターンによって異なる。どのパターンの問題なのかを正しく理解し、パターンごとの解き方にしたがって〈予想解答〉を作ること。

［注2］「消去法」では次の（1）～（4）に注意する。

（1）「スラッシュ作戦」で選択肢をいくつかの部分に分け、それぞれの部分ごとに正否を判断する。

（2）記憶で解かずに、必ず本文と選択肢を照らし合わせながら選択肢を吟味《ぎんみ》する。

（3）「本文と違っていること（チガ）」「本文に書かれていないこと（ナシ）」「聞かれている内容と関係のないこと（ズレ）」「言い過ぎ表現（スギ）」「時系列の前後の誤り（マエ、アト）」には×をつける。

（4）本文から読み取れるかどうか迷うものには△をつけて保留にする。

［注3］このとき、次の（5）（6）に注意する。

（5）△について、本文の言いかえ表現として正しいかどうかをもう一度確認する。

（6）△の選択肢を互いに比較をして、より適切な方を正解として残す。

第三章

選択肢問題・演習編

【練習問題1】次の文章を読んで、後の問いに答えなさい。筆者は幼稚園《ち》の園長です。（女子学院中二〇二〇年・改）

子どもの世界にいると、いつも驚《おどろ》きや発見でいっぱいだ。私が幼稚園に入園、いや就《しゅう》任した入園式の時、こんなことがあった。年少児は初めての幼稚園に慣れず、そこら中で「ママー！」とか「やだー！」という叫《さけ》び声や泣き声が聞こえていた。そういう私自身も園児たちとの触《ふ》れ合いはほぼ初めてで内心はどう接してよいかドギマギしていた。

そんな時、入園したばかりの女の子が何かを拾って私のところに駆《か》け寄り、①目をまん丸にして「これ、何？」といって見せてくれた。それは一枚の桜の花びらだった。園庭の桜が満開だったので、花びらが落ちていても珍《めずら》しくもないと思ったが、その子があまりに目を輝《かがや》かせて驚いているので、「きれい、なんだろね」と一緒《しょ》に驚いていると、他の園児たちも集まってきて、「きれいな色！」「かわいい！」などと騒《さわ》ぎはじめた。なかには「これは桜の花びらだよ」と分かっている子もいたが、はじめて桜の花びらを見る子どもにとっては、きっと宝物でも見つけたような気分だったのだろう。すると桜の花びらを持ってきてくれた子が、「これすごくきれいだから先生にあげるね」と言って、私にプレゼントしてくれたのだ。

桜の花は確かに美しいが、毎年当たり前に咲くと思っている大人の見方と、初めてその美しさを発見する子どもとで、その美しさはどう違《ちが》って見えるのだろう。

また、こんなこともあった。ある時、数人の園児が私の耳元に何かを持ってきて、「先生、ほら」と、カサカサと音をたてたのである。何かと思ったら、葉っぱや小枝をクルクルと回し、耳元でその音を聞いてケラケラと笑っているのだ。

大人である私なら、葉っぱは葉っぱ、枝は枝にしか見えないが、子どもはそれを一瞬にして楽器にしてしまう。

またある時、園庭の真ん中で園児が一人でピョンピョンと飛び跳《は》ねていた。それも時折リズムが違うので不思議に思っていたら、幼稚園近くの建築中の家から聞こえてくるトンカチの「トン・ト・ト・トーン……」という音にあわせて飛び跳ねていたのである。

子どもが音楽を聴《き》く時は、決して耳だけでは聴いていないのである。音に合わせて跳ねるかもしれない。手足をバタバタさせて地べたに転がるかもしれない。奇声《きせい》を発するかもしれない。頭のてっぺんから足のつま先まで、全身で自由に表現する。聴いた音を聴いたままに受け入れる。全身が音楽になりきってしまうのである。だから音楽の上手《うま》い下手もない。

(中略)

登園する前の私は、「今日はあれやんなきゃ、これやんなきゃ」と積み重なった仕事が心配で憂鬱《ゆううつ》な気分になることもあるが、②子どもたちと遊ぶだけで頭がカラッポになり、自宅に戻るときには「なんにも……」といった心境になる。すると、なんだか無条件に人生が満たされているような気分になるから不思議だ。

どうやって計測したか知らないが、幼児期の子どもたちは一日に平均三〇〇回笑うらしい。それに対して大人は一日に平均一五回だという。ちなみに私はこれを書いている本日午後三時の時点でまだ一回だけ……。平均値まであと一四回かと思うと、ますます笑えなくなる。

それはともかく、三〇〇対一五というのが子どもと大人の世界を分ける差だ。この大きな開きは一体何だろう。大人の世界はそんなにも楽しみが少ないのだろうか。それとも大人になると感受性が鈍《にぶ》くなるのか。

いや、大人だって子ども以上に人生の楽しみはあるし、感受性だって枯《か》れてはいない。むしろ子ども以上に人生を深く味わって生きているじゃないか。でも、笑う回数となると、確かに大敗を認めざるを得ない。

その差の理由はいろいろ考えられるかもしれないが、③一番大きな理由は、「いまここ」を生きる子どもと「いまここ」を生きられない大人の差からくるのだろう。幼児心理学では、子どもには時間という概念《がいねん》が希薄《きはく》で、常に「今」だけを生きていると言われている。確かに自分の子どもの頃《ころ》を思い出すと、過去や未来を考えず、とにかく一日が永遠のように長く感じられた。だから笑う時には他のことを一切考えず、今楽しければ今笑う。

ところが、大人になるにつれて思考力が身につくと、「次はこれしなきゃ」「こうしてはいられない」と時間にとらわれて、今必要ではない別のことをあれこれ考えて深刻になってしまう。身体は「いまここ」にあっても、頭の中は先のことばかり。楽しいことがあっても笑えなくなってしまう。

（中略）

④次の絵をご覧いただきたい。私が幼稚園教員免許《めんきょ》を取得するために学んだ教科書に載《の》っていたものだ。今でも子どもと接するときには、常に念頭に置いている座右の書ならぬ、座右の絵になっている。

一体どんな絵かと言うと、ある幼稚園で三歳の子どもが書いた自画像だという。もし皆さんのご家庭に三歳の子どもがいたとして、「これボクだよ」「ワタシだよ」と持ってきたらどんな反応を示すだろうか。

表面上は「うまく描《か》けたね」と言うかもしれないが、内心は、「なぜ白目なの？」「顔はもっと丸いでしょ」「はやく絵画教室に通わせなきゃ」などと思うかもしれない。

でも、担任の先生は、この子どもは何を伝えようとしているのかと思い、直接尋《たず》ねてみたところ、「ぼく、おひるねしたよ」という思いがけない言葉が返ってきたという。つまり、昼寝《ね》をしているのだから、当然、目の玉はなくていいのである。さらにこの子どもは、「寝ているときは横向きになっているよ」と言ったそうだ。それだから体が横に伸《の》びている。そしてまた「寝ているときはおしゃべりしないから口を閉じてるよ」「口は閉じていても鼻でちゃんと息をしてるから大丈夫だよ」と事細かく説明してくれたそうだ。

（阿《おか》純章『「迷子」のすすめ』春秋社刊）

【問一】傍線部①「目をまん丸にして」とありますが、このときの女の子についての説明として最も適切なものを次から選びなさい。

ア　あまりの楽しさにいきいきしている
イ　あまりの美しさに驚いている
ウ　あまりの不思議さに用心している
エ　あまりの騒がしさに緊張している
オ　あまりの珍しさに見入っている

【問二】傍線部②「頭がカラッポになる」とはどういうことですか。最も適切なものを次から選びなさい。

ア　子どもの遊び方にあまり慣れていないので、体が疲《つか》れて気も抜《ぬ》けてしまう。
イ　子どもが実に楽しそうに遊ぶので、自分がつまらなく思えて情けなくなる。
ウ　子どもの遊び方が本当に自由なので、驚いて何のアイデアも浮かばなくなる。
エ　子どもがとても夢中になって遊ぶので、日々の心配事を忘れてしまう。

【問三】傍線部③「『いまここ』を生きる子ども」の様子として、最も適切なものを次から選びなさい。

ア　明日素敵なペンを買ってもらうのを待てずに、棒きれでもよいので今地面に絵を描きたがる。
イ　大人になったらとても忙《いそが》しくなるので、今のうちに心ゆくまで遊んでおこうとする。
ウ　運動会で一等賞をとるために、本当はやりたくない練習でも毎日一生懸《けん》命がんばる。
エ　昨日弟におやつをあげてほめられたことがうれしかったので、今日は妹におやつをあげる。

【問四】傍線部④「次の絵」にあたるものを選びなさい。（出題の都合上、一部加工してあります。）

ア

イ

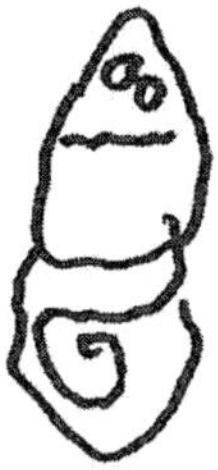

ウ

エ

【練習問題1／問一／解説】

傍線部①「目をまん丸にして」いるときの女の子についての説明を選ぶ問題です。パターンで分類すれば、《内容説明問題》にあたります。練習問題の初めなので、確認しながら進みましょう。

《内容説明問題》とは、傍線部や本文内容について「○○とはどういうことですか」「○○は何ですか」と問うタイプの問題で、**傍線部や問われている内容とイコールの関係にあることがらを選ぶ問題でしたね。これは別の言い方をすれば、「『目をまん丸にして』とは○○である」という文の○○に入るものを問われている、とも言えます。**

算数でいえば、

「(女の子は) 目をまん丸にしている」＝○○

の関係が成り立つような○○を選びなさいという問題ですね。

このように、**傍線部や問われていることとイコール (＝) の関係が成り立つものを選ぶ問題が《内容説明問題》です。**

では、手順を確認しながら考えてみましょう。

手順❶　〈傍線部のルール〉により、傍線部を正しく理解する。

傍線部のルール❷　傍線部内の指示語・比喩・わかりにくい表現は言いかえるによって「目をまん丸にして」をわかりやすく言いかえてみましょう。「目を丸くする」とは「驚いて目を見張る」ことですから、傍線部①「目をまん丸にして」＝「驚いて目を見張って」と言いかえることができます。

手順❷　本文をもとに、〈予想解答〉を作る。

手順❶で考えたように、「目をまん丸にして」＝「驚いて目を見張って」ということですから、これがおおよその〈予想解答〉になりますが、本文には、

・その子があまりに目を輝《かがや》かせて驚いているので、「きれい、なんだろね」と一緒《しょ》に驚いていると（6行目）

・他の園児たちも集まってきて、「きれいな色！」「かわいい！」などと騒《さわ》ぎはじめた（7行目）

とあります。ですから、これらの本文をもとに、もう少し詳しい〈予想解答〉を考えてみると、〈桜の花びらがきれいなので、目を輝かせて驚いている〉といったところになるかと思います。

ただ、〈予想解答〉というものは、さほど厳密なものでなくとも構いません。〈予想解答〉を作るのは、あくまで正しい選択肢を選ぶための「手段」であって、〈予想解答〉を作ること自体が「目的」ではないからです。〈予想解答〉を作るのに時間がかかり、肝心の選択問題を解く時間がなくなってしまっては本末転倒です。ですから、〈予想解答〉はざっくりと作ればよいです。だいたいでよいのです。（もちろん、〈予想解答〉は紙などに書く必要はありません。頭の中で考えればよいです）

手順❸　「消去法」を使いながら、〈予想解答〉に最も近い選択肢を「積極法」によって選ぶ。

〈予想解答〉＝〈桜の花びらがきれいなので、目を輝かせて驚いている〉と比べながら、スラッシュ作戦で選択肢を

いくつかに区切って選んでいきます。はっきり○とも×ともいえないところは、△で保留にしておいて構いません。

ア　△あまりの楽しさに／△いきいきしている
イ　○あまりの美しさに／○驚いている
ウ　×《チガ》あまりの不思議さに／×《チガ》用心している
エ　×《チガ》あまりの騒がしさに／×《チガ》緊張している
オ　×《チガ》あまりの珍しさに／△見入っている

選択肢「ア」と迷うかもしれませんが、本文をもとに〈予想解答〉を作っていれば、選択肢「イ」が最も適切なものだとわかりますね。**なお、本書の【解説】では、間違いの理由を説明するために「チガ」「ナシ」「ズレ」「スギ」などの分類を明記していますが、受験生が問題を解く際にはそれらをいちいち記入する必要はありません。間違っている部分には単に「×」とだけ書けばよいでしょう。また、正しいと思う部分には「○」、正しいかどうかわからないところには「△」と書きます。以上はすでに説明したことですが、【練習問題】の最初なので、念のため確認しておきます。**

【解答／問二】　イ

【問二／解説】

「『頭がカラッポになる』とはどういうことですか」と問われていますので、問一と同じく《内容説明問題》ですね。問一でやったときと同じ説明をすれば、「『頭がカラッポになる』とは〇〇である」という文の〇〇に入るものを問われている、とも言えます。

算数でいえば、

「頭がカラッポ」＝「〇〇」

の関係が成り立つような〇〇を選びなさいという問題ですね。

このように、**傍線部や問われていることとイコール（＝）の関係が成り立つものを選ぶ問題が《内容説明問題》でした。**

さて、手順に従って解いてみましょう。

手順❶〈傍線部のルール〉により、傍線部を正しく理解する。

傍線部のルール❷ 傍線部内の指示語・比喩・わかりにくい表現は言いかえる によって、傍線部の「頭がカラッポになる」の部分を言いかえます。これは傍線部直前の逆接の接続語「が」に着目してください。

・登園する前の私は、「今日はあれやんなきゃ、これやんなきゃ」と積み重なった仕事が心配で憂鬱《ゆううつ》な気分になることもあるが、……（23〜24行目）

逆接の「が」は、前と後が反対の内容になっていることを表していますね。（接続語に着目して読むことは大切ですよ）

すると、傍線部内の「頭がカラッポになる」というのは、傍線部の前の内容と反対の内容になっているわけですから、

「今日はあれやんなきゃ、これやんなきゃ」と積み重なった仕事が心配で憂鬱《ゆううつ》な気分

⇔

「頭がカラッポになる」

とわかりますね。つまり「頭がカラッポになる」とは、「仕事の心配がなくなって清々しい気分になる」といったことなのでしょう。ちなみに、傍線部の直後に、

・**すると、**なんだか無条件に人生が満たされているような気分になるから不思議だ。（24〜25行目）

という「プラス（＋）」の内容があることからも、「頭がカラッポになる」は、プラスの内容だと推察できます。

手順❷　本文をもとに、〈予想解答〉を作る。

手順❶で考えたように、「頭がカラッポになる」とは〈仕事の心配がなくなって清々しい気分になる〉ということ。これが〈予想解答〉になります。この〈予想解答〉をもとに、これに最も近い選択肢を選んでいきましょう。

手順❸「消去法」を使いながら、〈予想解答〉に最も近い選択肢を「積極法」によって選ぶ。

〈予想解答〉＝〈仕事の心配がなくなって清々しい気分になる〉と比べながら、スラッシュ作戦で選択肢を区切りながら見ていきます。

ア　子どもの遊び方にあまり慣れていないので、△／体が疲れて気も抜けてしまう。×チガ

イ　子どもが実に楽しそうに遊ぶので、△／自分がつまらなく思えて情けなくなる。×チガ

ウ　子どもの遊び方が本当に自由なので、△／驚いて何のアイデアも浮かばなくなる。×チガ

エ　子どもがとても夢中になって遊ぶので、△／日々の心配事を忘れてしまう。○

選択肢の前半部分は本文からはっきりと読み取れないため△ですが、後半部分は「エ」が最も〈予想解答〉に近いことがわかりますね。〈予想解答〉とまったく同じではありませんが、「エ」は〈予想解答〉と同様の内容の選択肢と考えることができます。「エ」以外の選択肢の後半部分は、明らかに〈予想解答〉と違っていますから「チガ」の×です。

したがって、正解は「エ」になります。

〈予想解答〉と選択肢がぴったりと一致することはなかなかありませんが、それが普通です。〈予想解答〉はあくまで、正しい選択肢を選ぶための基準です。今回のように、〈予想解答〉を言いかえた選択肢を選ぶという意識が大切です。

【解答／問二】 エ

【問三／解説】

「『いまここ』を生きる子ども」の様子を選ぶ問題ですが、これも《内容説明問題》ですね。
「『いまここ』を生きる子ども」＝「○○」の○○に当てはまる選択肢を選ぶという問題です。

手順❶　〈傍線部のルール〉により、傍線部を正しく理解する。

まず、「『いまここ』を生きる」とはどういうことなのでしょう。**傍線部のルール❷　傍線部内の指示語・比喩・わかりにくい表現は言いかえる**によって言いかえてみます。このとき、**傍線部のルール❸　傍線部内の言葉と同じ言葉（似た言葉）に注目する**により、傍線部内の「いまここ」「子ども」と同じ言葉（似た言葉）を本文に探していくと、

・子どもには時間という概念《がいねん》が希薄《きはく》で、常に「今」だけを生きている（35行目）
・過去や未来を考えず（36行目）

という部分が見つかります。すると、「『いまここ』を生きる」とは、「過去や未来を考えず、常に『今だけ』を生きている」ということでしょう。したがって、傍線部③「『いまここ』を生きる子ども」とは「過去や未来を考えず、常に『今だけ』を生きている子ども」という意味だとわかりますね。

手順❷　本文をもとに、〈予想解答〉を作る。

〈予想解答〉は、手順❶で考えた通り、〈過去や未来を考えず、常に『今だけ』を生きている子ども〉ですね。

手順❸「消去法」を使いながら、〈予想解答〉に最も近い選択肢を「積極法」によって選ぶ。

スラッシュで選択肢を区切りながら、〈予想解答〉＝〈過去や未来を考えず、常に『今だけ』を生きている子ども〉に最も近い選択肢を選んでいきます。

ア　明日素敵なペンを買ってもらうのを待てずに、○／棒きれでもよいので今地面に絵を描きたがる。○

イ　大人になったらとても忙しくなるので、×チガ／今のうちに心ゆくまで遊んでおこうとする。×チガ

ウ　運動会で一等賞をとるために、×チガ／本当はやりたくない練習でも毎日一生懸命がんばる。×チガ

エ　昨日弟におやつをあげてほめられたことがうれしかったので、×チガ／今日は妹におやつをあげる。

「ア」の選択肢は、前半「明日素敵なペンを買ってもらうのを待てずに」も、後半「棒きれでもよいので今地面に絵を描きたがる」も、〈予想解答〉の〈過去や未来を考えず、常に『今だけ』を生きている子ども〉の様子を表していることがわかりますね。

「イ」「ウ」は未来のことを考えて現在を生きる子どもの様子、「エ」は過去によって影響を受けている子供の様子ですから×です。

念のため、「とは読み」「つまり読み」をして、《内容説明問題》の選択肢が正しいかどうかを確認してみましょう。

「とは読み」「つまり読み」とは、

【問われていること】とは【選択肢】である。

【問われていること】は、**つまり**【選択肢】である。

というような文を作ってみることで、自分の選択肢が正しいかどうかを確かめることでしたね。

ここでは選択肢「ア」を「とは読み」してみます。

ア「いまここ」を生きる子どもの様子**とは**、明日素敵なペンを買ってもらうのを待てずに、棒きれでもよいので今地面に絵を描きたがることである。

文が正しく成り立ちますから、間違いなく「ア」が正解だとわかります。「とは読み」「つまり読み」はいつも行う必要はありませんが、《内容説明問題》の選択肢が正解かどうか迷ったときには使ってみてください。

【解答／問三】 ア

……………………………………………………

【問四／解説】

この問いは、敢《あ》えて分類するとしたら《内容説明問題》にあたりますが、特にこだわらなくてもよいでしょう。

また、傍線部④「次の絵」という言葉の意味もわかりきっていますから、手順❶も必要ありませんね。

手順❷　本文をもとに、〈予想解答〉を作る。

さて、本文の次のような記述から「次の絵」にあたるものがわかりそうです。

・昼寝《ね》をしているのだから、当然、目の玉はなくていいのである。（49行目）

・さらにこの子どもは、「寝ているときは横向きになっているよ」と言ったそうだ。それだから体が横に伸《の》びている。（50行目）

・「寝ているときはおしゃべりしないから口を閉じてるよ」「口は閉じていても鼻でちゃんと息をしてるから大丈夫だよ」（51〜52行目）

これらから、〈予想解答〉は〈目玉はなく、体が横に伸び、口は閉じていて、鼻がある〉という絵になりますね。

手順❸　「消去法」を使いながら、〈予想解答〉に最も近い選択肢を「積極法」によって選ぶ。

したがって、〈予想解答〉にあてはまる絵は「ウ」の絵だとわかります。

【解答／問四】	ウ

【練習問題2】 次の文章は菊池寛「マスク」の一節で、主人公の「自分」は心臓に不安を持っています。これを読んで、後の問いに答えなさい。（東邦大東邦中　二〇一九年・改）

「用心しなければいけませんよ。火事の時なんか、駈《か》け出したりなんかするといけません。この間も、元町に火事があった時、水道橋で*衝心《しょうしん》をおこして死んだ男がありましたよ。呼びに来たから、行って診察しましたがね。非常に心臓が弱いくせに家から*十町ばかりも駈け続けたらしいのですよ。あなたなんかも、用心しないと、いつコロリと行くかもしれませんよ。第一けんかなんかをして興奮してはだめですよ。熱病も禁物ですね。*チフスや*流行性感冒《かんぼう》にかかって、四十度位の熱が三四日も続けばもう助かりっこはありませんね。」

この医者は、少しも気休めやごまかしをいわない医者だった。が、うそでもいいから、もっと気休めがいってほしかった。これほど、自分の心臓の危険が、露骨《ろこつ》に述べられると、自分は一種味気ない気持ちがした。

「何か予防法とか養生法とかはありませんかね。」と、自分が最後の逃《に》げ路《みち》を求めると、

「ありません。ただ、脂肪類《しぼうるい》を喰《く》わないことですね。肉類や脂《あぶら》っこい魚などは、なるべく避《さ》けるのですね。たんぱくな野菜を喰うのですね。」

自分は「①オヤオヤ。」と思った。喰うことが、第一の楽しみといってもよい自分には、こうした養生法は、致命的《ちめいてき》なものだった。

こうした診察を受けて以来、生命の安全が刻々におびやかされているような気がした。殊《こと》に、ちょうどその頃《ころ》から、流行性感冒が猛烈《もうれつ》な勢いで流行《はや》りかけて来た。医者の言葉に従えば、自分が流行性感冒にかかることは、すなわち死を意味していた。その上、その頃新聞に*頻々《ひんぴん》とのせられた感冒についての、医者の話の中などにも、心臓の強弱が、勝負の別れ目といったような、意味のことが、幾度《いくど》もくり返されていた。

自分は感冒に対して、おびえ切ってしまったといってもよかった。自分はできるだけ予防したいと思った。最善の努力を払《はら》って、かからないように、しようと思った。他人から、臆病《おくびょう》と笑われようが、かかって死んではたまらないと思った。

自分は、極力外出しないようにした。妻も*女中《じょちゅう》も、なるべく外出させないようにした。そして朝夕には過酸化水素水で、うがいをした。やむを得ない用事で、外出するときには、ガーゼを沢山《たくさん》つめたマスクをかけた。そして、出る時と帰った時にていねいにうがいをした。

それで、自分は万全《ばんぜん》を期した。が、来客のあるのは、仕方がなかった。風邪《ふうじゃ》がやっとなおったばかりで、まだ咳《せき》をしている人の、訪問を受けたときなどは、②自分の心持ちが暗くなった。自分と話していた友人が、話している間に、段々熱が高くなったので、送り帰すと、その後から四十度の熱になったという報知を受けたときには、二三日は気味が悪かった。

毎日の新聞に出る死亡者数の増減によって、自分は一喜一憂《いっきいちゆう》した。日ごとに増していって、三千三百三十七人まで行くと、それを最高の記録として、わずかばかりではあったが、だんだん減少し始めたときには、自分はホッとした。が、自重した。二月いっぱいはほとんど、外出しなかった。友人はもとより、妻までが、自分の臆病を笑った。自分も少し神経衰弱《しんけいすいじゃく》の*恐病症《ヒポコンデリア》にかかっていると思った。が、感冒に対する自分の恐怖《きょうふ》は、どうにもまぎらすことの出来ない実感だった。

三月に、入ってから、寒さが一日一日と、引いて行くに従って、感冒の脅威《きょうい》も段々衰《おとろ》えて行った。もうマスクをかけている人はほとんどなかった。が、自分はまだマスクを除《の》けなかった。

「病気を怖《おそ》れないで、伝染の危険を冒《おか》すなどということは、それは野蛮人《やばんじん》の勇気だよ。病気を怖れて伝染の危険を絶対に避けるという方が、③文明人としての勇気だよ。だれも、もうマスクをかけていないときに、マスクをかけているのは変なものだよ。が、それは臆病でなくして、文明人としての勇気だと思うよ。」

自分は、こんなことをいって友達に弁解した。また心の中でも、幾分かはそう信じていた。

三月の終わり頃まで、自分はマスクを捨てなかった。もう、流行性感冒は、都会の地を離《はな》れて、山間僻地《へきち》へ行ったというような記事が、時々新聞に出た。が、自分はまだマスクを捨てなかった。もうほとんどだれも付けている人はいなかった。が、たまに停留所で待ち合わしている乗客の中に、一人位黒い布きれで、鼻口をおおうている人を見出《みいだ》した。自分は、非常に頼もしい気がした。ある種の同志であり、知己《ちき》であるような気がした。自分は、そういう人を見付けだすごとに、自分一人マスクを付けているという、一種のてれくささから救われた。自分が、真の意味での衛生家であり、生命を極度に愛惜《あいせき》*する点において一個の文明人であるといったような、誇《ほこ》りをさえ感じた。

四月となり、五月となった。④さすがの自分も、もうマスクを付けなかった。ところが、四月から五月に移る頃であった。また、流行性感冒が、ぶり返したという記事が二三の新聞に現れた。自分は、イヤになった。四月も五月にもなって、まだ充分《じゅうぶん》に感冒の脅威から、ぬけ切れないということが、たまらなく不愉快《ふゆかい》だった。が、さすがの自分も、もうマスクを付ける気はしなかった。日中は、初夏の太陽が、いっぱいにポカポカと照らしている。どんな口実があるにしろ、マスクを付けられる義理ではなかった。新聞の記事が、心にかかりながら、時候の力が、自分を勇気付けてくれていた。

ちょうど五月の半ばであった。シカゴの野球団が来て、早稲田《わせだ》で仕合《しあい》が、連日のように行われた。帝大《ていだい》の仕合がある日だった。自分も久しぶりに、野球が見たい気になった。学生時代には、好球家の一人であった自分も、この一二年はほとんど見ていなかったのである。

その日は快晴といってもよいほど、よく晴れていた。青葉におおわれている目白台の高台が、見る目にさわやかだった。自分は、終点で電車を捨てると、裏道を運動場の方へ行った。この辺の地理はかなりよくわかっていた。自分が、ちょうど運動場の周囲の柵《さく》に沿うて、入場口の方へ急いでいたときだった。ふと、自分を追いこした二十三四ばかりの青年があった。自分はふと、その男の横顔を見た。見るとその男は思いがけなくも、黒いマスクをかけているのだった。自分はそれを見たときに、ある不愉快な衝撃《ショック》を受けずにはいられなかった。それと同時に、その男に明らかな憎悪《ぞうお》を感じた。その男が、なんとなく小憎《こにく》らしかった。その黒く突き出ている黒いマスクから、いやな妖怪的《ようかいてき》な醜さをさえ感じた。

この男が、不快だった第一の原因は、こんなよい天気の日に、この男によって、感冒の脅威を想起させられた事にちがいなかった。それと同時に、自分が、マスクを付けているときは、たまにマスクを付けている人に、あうことがうれしかったのに、自分がそれを付けなくなると、マスクを付けている人が、不快に見えるという自己本位的な心持ちも交じっていた。が、そうした心持ちよりも、さらにこんなことを感じた。自分がある男を、不快に思ったのは、強者に対する弱者の反感ではなかったか。あんなに、マスクを付けることに、熱心だった自分までが、時候の手前、それを付けることが、どうにも気はずかしくなっている時に、勇敢《ゆうかん》に*傲然《ごうぜん》とマスクを付けて、数千人の人々の集っている所へ、押し出して行く態度は、かなり徹底《てってい》した⑤強者の態度ではあるまいか。とにかく自分が世間や時候の手前、やり兼《か》ねていることを、この青年は勇敢にやっているのだと思った。この男を不快に感じたのは、この男のそうした勇気に、圧迫《あっぱく》された心持ちではないかと自分は思った。

（菊池寛『マスク』より）

（注）衝心＝急性の心臓の病気。
十町＝距離の単位。一町約１０９メートル。
チフス＝チフス菌《きん》の侵入《しんにゅう》によって起きる感染症。
流行性感冒＝インフルエンザ。
頻々と＝しばしば。
女中＝家事の手伝いなどをする女性。

恐病症＝実際には病気ではないのに、心身の不調になやみ、病気ではないかとおそれる状態。

愛惜＝手放したり傷つけたりしないように大切にすること。

傲然と＝大きな態度で

【問一】傍線部①「オヤオヤ」とありますが、この言葉には「自分」のどのような気持ちがうかがえますか。もっとも適切なものを次のア～エの中から一つ選び、記号で答えなさい。

ア　本当だろうかという疑いの気持ち。
イ　困ったなあというとまどいの気持ち。
ウ　どうでもいいというあきらめの気持ち。
エ　何を言い出すのかというおどろきの気持ち。

【問二】傍線部②「自分の心持ちが暗くなった」とありますが、それはなぜですか。その理由としてもっとも適切なものを次のア～エの中から一つ選び、記号で答えなさい。

ア　もし感冒になったら、自分はこのような程度ではすまないような気がしたから。
イ　相手がせきをする様子を見て、どんなにかつらいだろうと気の毒になったから。
ウ　病気が治りきらないのに家に来るなんて、何と非常識な人なのだろうと思ったから。
エ　せっかく予防につとめているのに、相手から病気をうつされるような気がしたから。

【問三】 傍線部③「文明人としての勇気」の説明としてもっとも適切なものを次のア～エの中から一つ選び、記号で答えなさい。

ア 周りの人の目をおそれることなく、マスクを付け続けること。
イ 感染の危険がなくなるまでは、マスクを手放さないでいること。
ウ 病気にかかる危険をかえりみず、マスクを外して生活すること。
エ 伝染病がさけられるという情報を信じて、マスクを着用すること。

【問四】 傍線部④「さすがの自分も、もうマスクを付けなかった」とありますが、それはなぜですか。その理由としてもっとも適切なものを次のア～エの中から一つ選び、記号で答えなさい。

ア 暖かくなってきたおかげで、自分が健康を取りもどせたのがわかったから。
イ 感冒になるまいというがんばりは、元々長く続けられるものではないから。
ウ 季節も変わって、もう感冒にかかる時期ではなくなっただろうと思ったから。
エ 新しい季節のおとずれによって、また別の心配事が発生してしまったから。

【問五】 傍線部⑤「強者」とありますが、「自分」はなぜ「その男」を「強者」と考えたのですか。その理由としてもっとも適切なものを次のア～エの中から一つ選び、記号で答えなさい。

ア 人前でかなり目立つ姿でいられるのも、若さを持っているからで、若いというだけで全てが自分よりもまさっていると考えたから。
イ 何ごとにもこだわることのないかっこうをしているのを見て、心も体もがんじょうにできている人物にちがいないと考えたから。

ウ　マスク姿を周囲に見せることで、自分ほど健康に気をつけている人間はいない、という自信を示そうとしているのだと考えたから。

エ　人から何と思われようとかまわず、自分の思ったとおりのことをするのは、並たいていの精神力でできることではないと考えたから。

【問六】本文の説明としてもっとも適切なものを次のア～エの中から一つ選び、記号で答えなさい。

ア　他人の言動によって「自分」が自らの考えや行動を簡単に変えてしまういきさつが時をおっていねいにえがかれており、「自分」の行いが他人に与えた影響《えいきょう》についても記されている。

イ　人にうつる病気というものがいかに人をこわがらせ、性格まで変えてしまうかということを、「自分」という人物を通してえがき出し、全ての人間にも共通することであると示している。

ウ　他の人物の内面にはふれず、全体を通じ「自分」の目を通してえがくことによって、内容に現実感が生まれ、だれにとっても自分自身がもっとも大事だという考え方に説得力を与えている。

エ　その時その時において生じた「自分」の心の動きについて、他人に対する悪感情を含めて、いつわることなく示されており、「自分」がいだいた気持ちについての細かな考察もなされている。

【練習問題2／問一／解説】

これは《気持ち問題》ですね。《気持ち問題》とは、主に物語文で問われる「○○の気持ちを答えなさい」「○○の心情を説明したものを選びなさい」といったタイプの問題です。したがって、本文中から登場人物の「気持ち」を読み取らなければならないのですが、普通、「うれしい」とか「悲しい」といったように、登場人物の「気持ち」が直接表されていることはあまり多くありません。よって、大抵は登場人物の「言動（セリフ、行動、表情）」や「情景描写」から登場人物の「気持ち」を読み取らなければなりません。**このとき、頭の中で映像化してイメージしてみることがコツです。**

また、多くの場合、《気持ち問題》の選択肢には、その「気持ち」になった「理由」も含まれています。選択肢の形として、「理由＋気持ち」になっているのですね。ですから、《気持ち問題》では、登場人物の「気持ち」だけでなく、なぜその「気持ち」になったのかという「理由」も読み取り、「理由＋気持ち」で〈予想解答〉を作らなければなりません。これらをまとめると、《気持ち問題》を解く際には、次の三つが不可欠だということがわかります。

（1）言動・情景描写から「気持ち」を読み取る（映像化してイメージする）。
（2）その「気持ち」になった「理由」を読み取る。
（3）〈予想解答〉は「理由＋気持ち」で作る。

一度説明した内容ですが、ここで改めて確認してみました。では、手順に従って解いていきましょう。

手順❶〈傍線部のルール〉により、傍線部を正しく理解する。

傍線部①「オヤオヤ」というのは、「失望したり、あきれたりする場合に使う言葉」ですね。〈傍線部のルール❷ 傍線部内の指示語・比喩・わかりにくい表現は言いかえる〉本問の場合、医者に予防法や養生法を尋ねたところ「脂肪類を喰わないこと」と言われて「オヤオヤ」と思っているので、「失望」というのが近いのでしょう。

手順❷ 本文をもとに、〈予想解答〉を作る。

《気持ち問題》の〈予想解答〉は「理由＋気持ち」で作ります。まず、手順❶より、「オヤオヤ」という言動から読み取れる「気持ち」は「失望」でしたね。では、失望した「理由」は何でしょう。これは本文の次のような箇所から読み取れます。

・喰うことが、第一の楽しみといってもよい自分には、こうした養生法は、致命的《ちめいてき》なものだった。（11〜12行目）

よって、自分が失望した「理由」は、「喰うことが第一の楽しみといってもよい自分にとって、脂肪類を喰わないという養生法は、死ぬほどつらいことだったから」といったところでしょう。ちなみに「致命的」とは「死・滅亡・失敗の原因となるさま。取り返しのつかないほど重大なさま」の意味ですが、ここでは「死ぬほどつらいさま」くらいの意味として使われているものと思われます。したがって、「理由＋気持ち」の形で〈予想解答〉を考えると、〈喰うことが第一の楽しみといってもよい自分にとって、脂肪類を喰わないという養生法は死ぬほどつらいことだったから、失望した〉くらいになるのではないでしょうか。つまり、もう少し簡単に、くだけた言い方をすると、〈肉や脂っこい魚などを避けて野菜を食べるように言われて、がっかりした〉ということでしょう。

手順❸「消去法」を使いながら、〈予想解答〉に最も近い選択肢を「積極法」によって選ぶ。

〈予想解答〉＝〈喰うことが第一の楽しみといってもよい自分にとって、脂肪類を喰わないという養生法は死ぬほどつらいことだったから、失望した〉＝〈肉や脂っこい魚などを避けて野菜を食べるように言われて、がっかりした〉と比べながら、スラッシュ作戦で×をつけていきます。

ア　本当だろうかという×《チガ》／疑いの気持ち×《チガ》。
イ　困ったなあという／とまどい△の気持ち。
ウ　どうでもいいという×《チガ》／あきらめの気持ち×《チガ》。
エ　何を言い出すのかという×《チガ》／おどろきの気持ち×《チガ》。

選択肢「イ」の「とまどい」は、予想解答の「失望」とはやや異なりますが、「困ったなあ」というところに「失望」の感じが出ていますから、選択肢「イ」が〈予想解答〉に最も近い選択肢と言えると思います。このように、選択肢問題では、〈予想解答〉とぴったり合う選択肢がなくとも、それに一番近い選択肢を正解として選んでいくという考え方でよいです。

【解答／問二】 イ

【問二／解説】

これは《理由問題》ですね。《理由問題》とは、「〇〇はなぜか」「〇〇の理由は何か」というタイプの問題でした。つまり、ものごとの「因果関係（原因と結果の関係）」として正しい「原因・理由」の選択肢を選ばせる問題です。

ちなみに「原因・理由」とは何だったか、覚えていますか。

「原因・理由」＝「結果」を直接的に生み出しているもの

でしたね。では、手順にしたがって考えてみましょう。

手順❶　〈傍線部のルール〉により、傍線部を正しく理解する。

傍線部②「自分の心持ちが暗くなった」は特に難しくないので、そのまま理解すればよいでしょう。要するに、暗い気持ちになったのですね。

手順❷　本文をもとに、〈予想解答〉を作る。

《理由問題》での〈予想解答〉の作り方をもう一度おさらいしておきましょう。次の二つの手順で作ります。

(1)「〇〇はなぜか」「〇〇の理由を説明しなさい」の〇〇を「結果」とする。

（傍線部が「結果」になっていることが多い）

(2)「結果」に対する「原因・理由」を本文中から読み取る。

《理由問題》ではまず、「結果」が何に当たるのかを正しくつかまえておかねばなりません。でなければ「原因・理由」がずれてしまう可能性があるわけです。

「結果」とは、設問の「○○はなぜか」「○○の理由は何か」の○○の部分のことでしたね。多くの場合、傍線部が「結果」になっています。本問でも傍線部②「自分の心持ちが暗くなった」が「結果」です。

さて次に、「結果」に対する「原因・理由」を本文中から読み取ります。**《「原因・理由」＝「結果」を直接的に生み出しているもの》**ですから、「自分の心持ちが暗くなった」という「結果」を直接的に生み出しているものは何か、と考えます。

・自分は感冒に対して、おびえ切ってしまったといってもよかった。自分はできるだけ予防したいと思った。最善の努力を払《はら》って、かからないように、しようと思った。他人から、臆病《おくびょう》と笑われようが、かかって死んではたまらないと思った。
・自分は、極力外出しないようにした。妻も女中《*じょちゅう》も、なるべく外出させないようにした。そして朝夕には過酸化水素水で、うがいをした。やむを得ない用事で、外出するときには、ガーゼを沢山《たくさん》つめたマスクをかけた。そして、出る時と帰った時にていねいにうがいをした。
・それで、自分は万全《ばんぜん》を期した。(17～23行目)

「自分」は右のように、感冒に対してできるだけ予防をしようと思い、自分だけでなく、妻や女中にもできるだけ外出させないなど、感冒予防に万全を期していたのですね。ところが、

・が、来客のあるのは、仕方がなかった。風邪《ふうじゃ》がやっとなおったばかりで、まだ咳《せき》をしている人の、訪問を受けたときなどは、自分の心持ちが暗くなった（23～24行目）

感冒予防に万全を期していた自分にとって、風邪がやっとなおったばかりで、まだ咳をしている人に訪問を受ければ、風邪をうつされてしまうかもしれません。したがって、「自分の心持ちが暗くなった」という「結果」を直接的に生み出しているものは、「風邪がやっとなおったばかりで、まだ咳をしている人に訪問を受ければ、風邪をうつされてしまうかもしれないという心配」だと読み取ることができそうです。

よって〈予想解答〉は〈感冒予防に万全を期しているのに、風邪がやっとなおったばかりで、まだ咳をしている人に訪問を受ければ、風邪をうつされてしまうかもしれないと心配したから〉といったところでしょう。もう少し簡単に考えると、〈感冒予防に万全を期しているのに、客から風邪をうつされるのが心配だったから〉くらいでも構いません。

前にも書きましたが、〈予想解答〉を作るのは、あくまで正しい選択肢を選ぶための「手段」です。〈予想解答〉を作ること自体が「目的」ではありません。ですから〈予想解答〉はざっくりと作ればよいと考えてください。

手順❸「消去法」を使いながら、〈予想解答〉に最も近い選択肢を「積極法」によって選ぶ。

〈予想解答〉＝〈感冒予防に万全を期しているのに、風邪がやっとなおったばかりで、まだ咳をしている人に訪問を受ければ、風邪をうつされてしまうかもしれないと心配したから〉＝〈感冒予防に万全を期しているのに、客から風邪をうつされるのが心配だったから〉と比べながら、スラッシュ作戦をしていきましょう。

ア　もし感冒になったら、／自分はこのような程度ではすまないような気がしたから。×チガ(ナシ)

イ　相手がせきをする様子を見て、／どんなにかつらいだろうと気の毒になったから。×チガ(ナシ)

ウ　病気が治りきらないのに家に来るなんて、／何と非常識な人なのだろうと思ったから。×チガ(ナシ)

エ　せっかく予防につとめているのに、／相手から病気をうつされるような気がしたから。○

選択肢「ア」「イ」「ウ」は〈予想解答〉とかけ離れていますし（チガ）、本文にもまったく書かれていない（ナシ）ために×です。選択肢「エ」が〈予想解答〉に最も近いので、これが正解でしょう。

ただし念のため、《理由問題》では「から読み」「なぜなら読み」をして答えを確認してみてもよいですね。

「から読み」とは、選択肢を「結果」の前につないで因果関係が正しいかを確認する次のような方法でした。

エ　**せっかく予防につとめているのに、相手から病気をうつされるような気がしたから、**自分の心持ちが暗く《結果》なった。

また、「なぜなら読み」は、「結果」の後に「なぜなら」を使って選択肢をつないでみる次のような方法でしたね。

エ　自分の心持ちが暗く《結果》なった。**なぜなら、せっかく予防につとめているのに、相手から病気をうつされるような気がしたから**である。

因果関係は正しいので、正解は「エ」で間違いありませんね。なお、「から読み」「なぜなら読み」はどちらを使っても構いません。自分の使いやすい方で確かめるというスタンスでよいです。

【解答／問二】　エ

【問三／解説】

傍線部③「文明人としての勇気」とはどういうことかについての正しい説明を選ぶ《内容説明問題》です。「文明人としての勇気」という言葉自体は難しくないので、手順❶は省略し、手順❷から考えていきましょう。

手順❷　本文をもとに、〈予想解答〉を作る。

では、「文明人としての勇気」とは、どのようなことなのでしょう。**傍線部のルール❸　傍線部内の言葉と同じ言葉（似た言葉）に注目する**を使って、「文明人としての勇気」と**同じ言葉（似た言葉）を本文の他の部分に探す**と、次のようにあります。

・病気を怖れて伝染の危険を絶対に避けるという方が、**文明人としての勇気**だよ。だれも、もうマスクをかけていないときに、マスクをかけているのは変なものだよ。が、それは臆病でなくして、**文明人としての勇気**だと思うよ。（34〜36行目）

この部分から、「文明人としての勇気」とは、〈病気を怖れて伝染の危険を絶対に避け、もうだれもマスクをかけていないときに、変だとしてもマスクをかけていること〉だとわかりますね。これが〈予想解答〉になります。

手順❸　「消去法」を使いながら、〈予想解答〉に最も近い選択肢を「積極法」によって選ぶ。

ア　周りの人の目をおそれることなく、／マスクを付け続けること。
イ　感染の危険が《×チガ》なくなるまでは、／マスクを手放さないでいること。
ウ　病気にかかる危険《×チガ》をかえりみず、／マスクを外して《×チガ》生活すること。
エ　伝染病がさけられる《×ナシ》という情報を信じて、マスクを着用すること。

〈予想解答〉に最も近い選択肢は「ア」だとわかりますね。「イ」「ウ」「エ」はそれぞれ、〈予想解答〉と明らかに異なる部分を含んでいます。このように、〈予想解答〉を作って、それを基準に選択肢を選ぶことで「迷い」がなくなります。

【解答／問三】　ア

・・・・・・・・・・・・・・・・・・・・・・・・・・・・・

【問四／解説】

手順❶　〈傍線部のルール〉により、傍線部を正しく理解する。

傍線部④の「さすがの自分」とはどんな「自分」なのかを確認しておきます。これはいままで見てきたように、「自分」が流行性感冒予防に万全を期していたことや、

・三月の終わり頃まで、自分はマスクを捨てなかった。もう、流行性感冒は、都会の地を離《はな》れて、山間僻地《へきち》へ行ったというような記事が、時々新聞に出た。が、自分はまだマスクを捨てなかった。（38〜39行目）

と本文にあることなどから、「さすがの自分」＝「流行性感冒予防に万全を期し、感冒の流行が落ち着いた三月終わり頃にもマスクを捨てなかった自分」くらいに理解しておけばいいでしょう。

手順❷　本文をもとに、〈予想解答〉を作る。

さて、この問題は《理由問題》ですから、【問二】でもやったように、まずは「結果」が何に当たるのかを正しく理解しておかなければなりません。ちなみに「結果」とは、設問の「○○はなぜか」「○○の理由は何か」の○○の部分のことでしたね。多くの場合、傍線部が「結果」になっています。本問でも傍線部④「さすがの自分も、もうマスクを付けなかった」が「結果」です。

《「原因・理由」＝「結果」を直接的に生み出しているもの》ですから、「さすがの自分も、もうマスクを付けなかった」という「結果」を直接的に生み出しているものは何か、と考えます。

・三月の終わり頃まで、自分はマスクを捨てなかった。もう、流行性感冒は、都会の地を離《はな》れて、山間僻地《へきち》へ行ったというような記事が、時々新聞に出た。（38〜39行目）

まず、「自分」はマスクを捨ててはいませんでしたが、三月の終わり頃にはすでに感冒の流行は収まっていたということがわかります。

・もうほとんどだれも付けている人はいなかった。が、たまに停留所で待ち合わしている乗客の中に、一人位黒い布きれで、鼻口をおおうている人を見出《みいだ》した。自分は、非常に頼もしい気がした。ある種の同志であり、知己《ちき》であるような気がした。自分は、そういう人を見付けだすごとに、自分一人マスクを付けているという、一種のてれくささから救われた。(39～42行目)

・時候の手前、それを付けることが、どうにも気はずかしくなっている(64～65行目)

また、右のあたりから、「自分」は、自分一人がマスクを付けているという状況を多少恥ずかしく思っていたこともわかりますね。

・日中は、初夏の太陽が、いっぱいにポカポカと照らしている。どんな口実があるにしろ、マスクを付けられる義理ではなかった。新聞の記事が、心にかかりながら、時候の力が、自分を勇気付けてくれていた。(47～49行目)

そしてさらに「自分」は、初夏の太陽が照らしている四月五月という季節から、マスクを付ける時期はとうに過ぎ去ったと考えていたことも読み取れます。

これらのことから、〈予想解答〉は、〈三月の終わり頃にはすでに感冒の流行は収まっており、自分一人がマスクを付けているのも恥ずかしく、四月五月にマスクを付けるのは季節外れだと考えたから〉くらいになるかと思います。繰り返しになりますが、選択肢問題の〈予想解答〉は、ざっくりと、おおまかに考えるというくらいで構いません。

手順❸「消去法」を使いながら、〈予想解答〉に最も近い選択肢を「積極法」によって選ぶ。

ア　暖かくなってきたおかげで、／自分が健康を取りもどせたのがわかったから。　×ナシ
イ　感冒になるまいというがんばりは、／元々長く続けられるものではないから。　×ナシ
ウ　季節も変わって、／もう感冒にかかる時期ではなくなっただろうと思ったから。　○
エ　新しい季節のおとずれによって、／また別の心配事が発生してしまったから。　×ナシ

選択肢「ア」「イ」「エ」の後半部分は、いずれも本文に書かれていないことですから「ナシ」で×です。

選択肢「ウ」では、「もう感冒にかかる時期ではなくなっただろうと思った」という言葉自体は本文にありませんが、おおよそ〈予想解答〉の言いかえになっていることがわかりますか。前にも書きましたが、選択肢は、本文の言葉をそのまま使って作られるのではなく、たいていは本文を言いかえたものになっていることに注意してください。別の言い方をすれば、**選択肢問題では、「本文の言葉とは違うけれど、これくらいなら同じことを言っているな」という「言いかえの幅」を意識することが大切です。**本文の言葉がそのまま使われていないからといってすぐに×をつけてしまうと、間違えることがあります。「言いかえの幅」に慣れ、言いかえに惑わされなくなることも、選択肢問題を解くにあたっての必要な力になります。

【解答／問四】　ウ

【問五／解説】

これも《理由問題》です。傍線部⑤「強者」の意味は特に難しくはないので、手順❶は省いて手順❷から始めましょう。

手順❷　本文をもとに、〈予想解答〉を作る。

まず、「結果」に当たるのは「自分はその男を強者と考えた」ですね。ちなみに「その男」とは、

・ふと、自分を追いこした二十三四ばかりの青年があった。自分はふと、その男の横顔を見た。見るとその男は思いがけなくも、黒いマスクをかけているのだった。（55〜57行目）

とあるような、「黒いマスクをした二十三四歳の青年」のことです。

では、「自分はその男を強者と考えた」というその理由は何でしょうか。これは次のあたりから読み取れそうです。

・あんなに、マスクを付けることに、熱心だった自分までが、時候の手前、それを付けることが、どうにも気はずかしくなっている時に、勇敢《ゆうかん》に傲然《＊ごうぜん》とマスクを付けて、数千人の人々の集っている所へ、押し出して行く態度は、かなり徹底《てってい》した強者の態度ではあるまいか。とにかく自分が世間や時候の手前、やり兼《か》ねていることを、この青年は勇敢にやっているのだと思った。（64〜67行目）

つまり、〈世間や時候の手前、自分は気はずかしくてマスクを付けなくなっているにもかかわらず、この青年はそ

うしたことに構わずマスクを付けていることが勇敢に思えたから〉というのでしょう。これが〈予想解答〉になります。

手順❸「消去法」を使いながら、〈予想解答〉に最も近い選択肢を「積極法」によって選ぶ。

ア　人前でかなり目立つ姿でいられるのも、／若さを持っているから《×ナシ》で、／若いというだけ《×スギ》で全て《×スギ》が自分よりもまさっている《×チガ》と考えたから。

イ　何ごとにも《×スギ》／こだわることのないかっこう《×ナシ》をしているのを見て、／心も体もがんじょうにできている《×ナシ》人物にちがいないと考えたから。

ウ　マスク姿を周囲に見せることで、／自分ほど健康に気をつけている《×ナシ》人間はいない、／という自信を示そうとしている《×ナシ》のだと考えたから。

エ　人から何と思われようとかまわず、／自分の思ったとおりのことをするのは、／並たいていの精神力でできることではないと考えたから。

「だけ」「全て」「何ごとにも」といった言葉は言い過ぎなので、「スギ」で×になります。こうした「言い過ぎ言葉」には常に注意してください。選択肢「エ」は〈予想解答〉に最も近く、〈予想解答〉を言いかえた選択肢だとわかります。

【解答／問五】　エ

【問六／解説】

本問は、本文の説明としてもっとも適切なもの選ぶ《内容正誤問題》ですね。《内容正誤問題》では〈予想解答〉を考える必要はありません。次の❶❷の手順で選択肢を選びます。

手順❶　本文と選択肢の照らし合わせを行い、「消去法」で選ぶ。

手順❷　答えが決まらない場合、最もマイナス点の少ない選択肢を正解として選ぶ。

スラッシュ作戦でいくつかに区切って考えることはいつも通りですが、**《内容正誤問題》の選択肢は本文全体の内容をもとに作られていることが多いですから、「記憶で解かずに、必ず本文と選択肢を照らし合わせながら選択肢を吟味《ぎんみ》すること」が特に大切です。**

ア　他人の言動によって「自分」が自らの考えや行動を簡単に（×スギ）変えてしまういきさつが／時をおってていねいにえがかれており、／「自分」の行いが他人に与えた影響（×ナシ）についても記されている。

イ　人にうつる病気というものがいかに人をこわがらせ、／性格まで変えてしまう（×ナシ）かということを、／「自分」という人物を通してえがき出し、／全て（×スギ）の人間にも共通することであると示している。

ウ　他の人物の内面にはふれず、／全体を通じ「自分」の目を通してえがくことによって、／内容に現実感が生まれ、／だれにとっても（×スギ）自分自身がもっとも（×スギ）大事だという考え方に説得力を与えている。

エ　その時その時において生じた「自分」の心の動きについて、／他人に対する悪感情を含めて、／いつわることなく示されており、／「自分」がいだいた気持ちについての細かな考察もなされている。

選択肢「ア」の「簡単に」や、選択肢「イ」の「全て」、選択肢「ウ」の「だれにとっても」「もっとも」は言い過ぎなので、「スギ」で×をつけます。この時点で選択肢「エ」が正解の有力候補ですが、「エ」の内容が本文に合っているかどうかをしっかり確認しましょう。

たとえば、選択肢「エ」の「他人に対する悪感情を含めて」とは、次のあたりを指しているのでしょう。

・自分はそれを見たときに、ある不愉快な衝撃《ショック》を受けずにはいられなかった。それと同時に、その男に明らかな憎悪《ぞうお》を感じた。その男が、なんとなく小憎《こにく》らしかった。（57～58行目）

また、選択肢「エ」の「『自分』がいだいた気持ちについての細かな考察もなされている」という部分も、

・自分は感冒に対して、おびえ切ってしまったといってもよかった。自分はできるだけ予防したいと思った。最善の努力を払《はら》って、かからないように、しようと思った。他人から、臆病《おくびょう》と笑われようが、かかって死んではたまらないと思った。（17～19行目）

・この男が、不快だった第一の原因は、こんなよい天気の日に、この男によって、感冒の脅威を想起させられた事にちがいなかった。それと同時に、自分が、マスクを付けているときは、たまにマスクを付けている人に、あうことがうれしかったのに、自分がそれを付けなくなると、マスクを付けている人が、不快に見えるという自己本位的な心持ちも交じっていた。が、そうした心持ちよりも、さらにこんなことを感じた。自分がある男を、不快に思ったのは、強者に対する弱者の反感ではなかったか。あんなに、マスクを付けることに、熱心だった自分までが、時候の手前、

それを付けることが、どうにも気はずかしくなっている時に、勇敢《ゆうかん》に傲然《*ごうぜん》とマスクを付けて、数千人の人々の集っている所へ、押し出して行く態度は、かなり徹底《てってい》した強者の態度ではあるまいか。とにかく自分が世間や時候の手前、やり兼《か》ねていることを、この青年は勇敢にやっているのだと思った。この男を不快に感じたのは、この男のそうした勇気に、圧迫《あっぱく》された心持ちではないかと自分は思った。(60〜68行目)

など、随所に見ることができますね。したがって、間違いなく選択肢「エ」が正しいと言えます。このように、**《内容正誤問題》では、記憶で解かずに、選択肢と本文を丁寧《ていねい》に照らし合わせることが何より大切です。**

【解答/問六】 エ

【練習問題3】 次の文章を読んで、後の問いに答えなさい。(早大学院中　二〇一九年・改)

初夏《はつなつ》のゆうべ。

七人の美しい同じ年頃《としごろ》の少女がある邸《やしき》の洋館の一室に集《つど》うて、なつかしい物語にふけりました。その時、一番はじめに夢見るような優しい瞳《ひとみ》をむけて小唄《こうた》のような柔かい調《トーン》でお話をしたのは笹鳥ふさ子さんというミッションスクール*出の牧師の娘《むすめ》でした。

——私《わたし》がまだ、それは小さい頃の思い出でございます。父が東北の大きいある都市に出ておりましたので、私も母といっしょにその町に住んでおりました。その頃、母は頼《たの》まれて町の女学校の音楽の教師をつとめておりましたの、その女学校は古い校舎でして種々《いろいろ》な歴史のある学校だったそうでしたの。

母はうす暗い講堂で古い古い古典的《クラシック》なピアノを弾《ひ》き鳴らして毎日歌を教えていたのです。授業が毎日の午後に終りますと、母はそのピアノの蓋《ふた》をして鍵《かぎ》をかけ、鍵を自分の袴《はかま》の紐《ひも》に結びつけて、家へ帰るのでした。

ある日のこと、校長室へ母は呼ばれました。白いひげのふさふさとした校長は、①<u>変な顔</u>をして母に申しました。

「貴女《あなた》はあの講堂のピアノの鍵をお宅へおもちになりますか?たしかに」

と。母は「ハイ持って帰ります」と返事をしました。そうしますと校長は、ますますけげんな顔をして、「ハハア、たしかに鍵は貴女よりほかの人の手には渡《わた》さないのですか」といいます。母はおかしく思いまして、

「私よりほか誰《だれ》もピアノの鍵は持ちません」

といいました。

校長は首を曲げて、何か考えておりましたが、やがて母に話しました。

「実は、あの講堂のピアノのことで不思議なことがあるのです。毎日放課後、生徒がみな校内から帰ってしまって校舎の

中は静かになってゆく、*寄宿舎の生徒が自習を始める、すると、どうです、人ッ子ひとりいるはずのないあの講堂から、妙《たえ》なるピアノの音《ね》が響き出るのです。はじめは寄宿舎の生徒たちも、誰かが鍵を先生から拝借して弾いているのかと思ったのですが、あんまり毎日の宵ごとに続くので怪《あや》しんだのです。放課後みだりに講堂で勝手にピアノを鳴らさせるのも、校則にはずれますからな」

と、遠まわしに校長は母をうたがっているらしいのです。母は放課後はたしかに銀色の鍵を自分で持ってかえります、どんな生徒にも秘密で貸してやるような、不公平なことはした覚えがないのですもの、その校長の話を聞いた時、どんなに不快に思ったでしょう。

これは誰かが講堂に忍《しの》び入るのであろうか？ でも鍵は私の手許《てもと》にあるのに、どうしてピアノが弾けよう、母は考えると、わからなくなりました。けれども、どうしてもピアノの鍵をあずかっている責任者として、自分のうたがいをはらさねばなりません。

母は、どうしてもその不思議なピアノの音をたしかめようと決心しました。そして、その日の夕、私を連れて忍びやかに女学校の庭に入りました。私と母は講堂の外の壁《かべ》に身をひそめておりました。それは夏の日のことでしたから、庭のポプラやアカシヤの青葉が仄《ほの》かな新月に黒い影《かげ》を落として、水を打ったように校庭は静かでした。私は母の手に抱《だ》きよせられて息をこらしていました。ああ、その時、講堂の中で、静かにピアノの蓋があく音がしました。そして、やがて、コロン……コロン……と、水晶《すいしょう》の玉を珊瑚《さんご》の欄干《らんかん》から、振《ふ》り落とすようないみじくもゆかしい楽曲の譜《ふ》は窓からもれ出《い》でました、それを聞いた時②母の顔色はさっと変《かわ》りました。その楽曲は海杳《はる》かな伊太利《イタリー》の楽壇《がくだん》に名高い曲だったのです。

やがてピアノの調《しらべ》はやみました。小窓が音もなく開《あ》くと見る中《うち》に、すらっと脱《ぬ》け出た影、黄金の髪《かみ》ブロンドの瞳《ひとみ》！ 月光に夢のように浮《う》き出た③一人の外国少女の俤《おもかげ》！私は思わず、「あっ」と声をあげようとしました、母はあわてて私を抱きしめて注意しました。かの外国の少女は思わぬ物陰《ものかげ》に人の姿をみとめたので吃驚《びっくり》したらしくちょっと立ち止まりましたが、やがて夕闇《ゆうやみ》の空の彼方《かなた》に儚《はか》なく消えゆくように姿を見失いました。

母は黙《だま》ってただ、ため息を吐《つ》くばかりでした。

母は翌日校長にたずねました。

「あの講堂のピアノは学校でお求めになったものですか?」

その時校長は申しました。

「いいえ、あのピアノは、よほど前のこと、伊太利の婦人で当地へ宣教師として来ていたマダム、ミリヤ夫人が病気でなくなられたのち記念として寄附《きふ》されたものです」

④母は、これを聞いて、ほほえみました。――翌日の夕、いつもよりははるかに高らかに哀《あわ》れふかくかの講堂のピアノは怪しき奏手の人の指によって鳴ったのを、母は校庭で聞きました。

あくる朝、母が登校して講堂に譜本を持って入りますと、ピアノの蓋の上に、香《かお》りもゆかしい北国の花、気高い鈴蘭《すずらん》の一房《ひとふさ》が置いてありました、そして、その花の根もとには赤いリボンで結びつけられた一つの銀の鍵がございました、その下に、うす桃《もも》色の封筒がはさんでありました。母は轟《とどろ》く胸を、おし静めてひらきますと、*鵞ペンの跡《あと》の匂《にお》い高く綺麗《きれい》な伊太利語で、

感謝をささぐ。

昨夜われを見逃したまえる君に。

亡きマダム・ミリヤの子。オルテノ。

と、しるされてあったばかりでした。母はそのとき鈴蘭の花に心からの接吻《せっぷん》をして⑤涙《なみだ》ぐみました。

そして、その日かぎりもう永久に、夜ごとに鳴りし怪しいピアノの音《ね》は響《ひび》くことはありませんでした。

あとで聞けば、その近き日に故国に帰るため、その町を立ち去った異国の少女があったと伝えられました――

60

伊太利……。いまはあの戦いの巷《ちまた》にふみにじられた詩の国の空――に、優しきかのピアノの合鍵の主オルテノ嬢《じょう》を、私は今もなお偲《しの》びます――

ふさ子さんのお話はかくて終りました。息をこらして聞きとれていた他の少女たちは、ほっと吐息《といき》をつきました。花*瓦斯《がす》の光が静かに燃ゆるばかりで、誰ひとり言葉を出すものもなく、たがいに若い憧《あこが》れに潤《うる》んだ黒い瞳《ひとみ》を見かわすばかりでございました。

（吉屋信子「鈴蘭」より・一部改）

（注）ミッションスクール＝キリスト教の教えを広めるために設立された学校。
寄宿舎＝生徒のため、学校が設立した共同宿舎。
鵞ペン＝ガチョウの羽でつくったペン。
花瓦斯＝明治時代に流行したガスをもちいた照明器具。

【問一】傍線部①「変な顔」とは、この場合、どういう顔ですか。最も適切なものを選び、記号で答えなさい。

ア　うたがいをかくしもった顔。
イ　笑いをかみころそうとしている顔。
ウ　激しいいきどおりを必死でこらえる顔。
エ　同情の気持ちをおさえきれないでいる顔。

【問二】傍線部②「母の顔色はさっと変《かわ》りました」とありますが、なぜですか。最も適切なものを選び、記号で答えなさい。

ア　ピアノでは弾くのがふさわしくない曲であると思われたから。

イ　他国ではとても有名だが日本ではまだよく知られていない曲だったから。
ウ　学校の生徒でないものが秘密でピアノを弾いていることがわかったから。
エ　校長が言うとおり誰かがこっそりもう一つ鍵を作っていたことがわかったから。

【問三】傍線部③「一人の外国少女」とありますが、どういう人物でしたか。その人物の説明として適切でないものを一つ選び、記号で答えなさい。
ア　戦争で荒廃《こうはい》することになる故国へ帰っていった人物。
イ　町の女学校にたのまれて音楽の教師をしていた人物。
ウ　学校に寄贈されたピアノの持ち主だった人物の子ども。
エ　宣教師として来日していて病気で亡くなった人物の子ども。

【問四】傍線部④「母は、これを聞いて、ほほえみました」とありますが、それはなぜですか。最も適切なものを選び、記号で答えなさい。
ア　ピアノを弾いているのが亡き夫人をしたう人間だと理解できたから。
イ　ピアノは無理にでもそれをうけつぐ人の手にわたるべきだと考えたから。
ウ　ピアノは自分が考えていたよりもしっかりした人の物だったとわかったから。
エ　ピアノの音色をあれほど美しく出せるのは日本の少女では無理だと実感したから。

【問五】傍線部⑤「涙《なみだ》ぐみました」とありますが、この「涙」はどういう気持ちの表れですか。最も適切なものを選び、記号で答えなさい。

ア　少女のピアノの音色を再び聞けないことを残念に思う気持ち。
イ　外国で母を亡くした身の上の少女のつらい心情を思いやる気持ち。
ウ　戦争がおわったばかりの故国に帰らざるをえない少女に同情する気持ち。
エ　あわただしいなかでも花を残していった少女の素早さに感動する気持ち。

【練習問題3／問一／解説】

傍線部①「変な顔」とはどういう顔かを問う《内容説明問題》ですね。「変な顔」という言葉自体にわかりにくいところはありませんので、手順❶は省略して、手順❷から考えましょう。

手順❷　本文をもとに、〈予想解答〉を作る。

「変な顔」とはどのような顔なのでしょうか。**傍線部のルール❸　傍線部内の言葉と同じ言葉（似た言葉）に注目する**によって「顔」という言葉を本文中に探すと、

・校長は、ますますけげんな**顔**をして（12行目）

が見つかります。また、その少し後にある、次のような校長の様子からも推測できそうです。

・遠まわしに校長は母をうたがっているらしいのです（22行目）

これらの部分から、校長の「変な顔」とは、〈母にうたがいを持った、納得のいかないような顔〉だとわかりますね。これが〈予想解答〉になります。ピアノの鍵を持っているのは母しかいないため、校長は母が放課後、誰かにピアノを弾かせているのではないかとうたがっているのですね。ちなみに「けげんな」とは、「不思議で納得のいかない様子」を表しています。

手順❸ 「消去法」を使いながら、〈予想解答〉に最も近い選択肢を「積極法」によって選ぶ。

本問の選択肢は短いため、スラッシュで区切る必要はないでしょう。

ア　うたがいをかくしもった顔。　○

イ　笑いをかみころそうとしている顔。　×《チガ》

ウ　激しいいきどおりを必死でこらえる顔。　×《チガ》

エ　同情の気持ちをおさえきれないでいる顔。　×《チガ》

〈予想解答〉をしっかりたてていれば、選択肢「ア」以外は明らかに間違いだとわかりますね。

【解答／問二】 ア

【問二／解説】

《理由問題》です。傍線部②「母の顔色はさっと変《かわ》りました」にはわかりにくい言葉がありませんので、これも手順❷から始めましょう。

手順❷　本文をもとに、〈予想解答〉を作る。

《理由問題》ですから、まずは「結果」にあたる部分を確認します。ここでは傍線部②「母の顔色はさっと変《かわ》りました」が「結果」にあたりますね。では、その「原因・理由」は何でしょう。本文から探してみると、傍線部②のすぐ後にあります。

・その楽曲は海杳《はる》かな伊太利《イタリー》の楽壇《がくだん》に名高い曲だったのです。（33行目）

ここでの「その楽曲」とは、講堂の窓からもれ出てくるピアノの楽曲のことですね。つまり、母はその楽曲がイタリアの楽壇では有名な曲だとわかったのでしょう。したがって〈予想解答〉は、〈講堂の窓からもれ出てくるピアノの楽曲が、イタリアの楽壇で有名な曲だとわかったから〉といったところになるでしょうか。

手順❸　「消去法」を使いながら、〈予想解答〉に最も近い選択肢を「積極法」によって選ぶ。

ア　ピアノでは弾くのがふさわしくない曲であると思われたから。
× ナシ

イ　他国ではとても有名だが／日本ではまだよく知△られていない曲だったから。
ウ　学校の生徒で×《アト》ないものが／秘密でピアノを弾×《アト》いていることがわかったから。
エ　校長が言うとおり／誰かがこっそりもう一つ鍵×《ナシ》を作っていたことがわかったから。

選択肢「ア」は書かれていないので「ナシ」です。

選択肢「ウ」は本文に書かれてはいますが、これは後でわかったことで、傍線部②の時点で母が知っていたことではありませんので、母の顔がさっと変った理由にはなりません。したがって「アト」で×です。ただ、「アト」の選択肢は本文に書かれていることなので、間違いやすいです。要注意ですね。

選択肢「エ」の「誰かがこっそりもう一つの鍵を作っていた」というのは本文に全く書かれていませんし、読み取れもしませんから、「ナシ」で×です。

選択肢「イ」の前半部分「他国ではとても有名」は〈予想解答〉にかなり近いですね。ただ、後半部分「日本ではまだよく知られていない曲だった」は、はっきりと本文には書かれていません。ここが悩みどころです。今回は手順❹も考えてみましょう。

手順❹　答えが決まらない場合、最もマイナス点の少ない選択肢を正解として選ぶ。

今回は「ア」「ウ」「エ」にはっきり「×」がつきますから、「答えが決まらない」というほどではないかもしれませんが、念のため「答えが決まらない場合」の対処法をやっておきましょう。この場合、特に大切なのが、

△について、本文の言いかえ表現として正しいかどうかをもう一度確認する。

ということです。【練習問題2／問四】でやった「言いかえの幅」という考え方を思い出してみてください。

選択肢は普通、本文に書かれている言葉そのままではなく、それを言いかえて作られています。ですから、本文に書かれていない言葉が選択肢にあったとしても、「まあ、これくらいなら本文の言いかえとして当然読み取れるだろう」という判断が必要になります。選択肢問題で正解を選ぶときには、こうした「言いかえの幅」をある程度認める必要があるということですね。したがって、選択肢が△だと思った場合、それが本文の言いかえとして認められるかどうかをもう一度確かめてください。

今回の選択肢「イ」の後半部分「日本ではまだよく知られていない曲だった」は、確かに本文にはっきりとは書かれていません。ただ、

・その楽曲は海杳《はる》かな伊太利《イタリー》の楽壇《がくだん》に名高い曲だったのです。（33行目）

という部分から、「（日本では知られていないが）イタリアの楽壇では有名な曲だった」と、読めなくもありません。**この「読めなくもない」という感覚、これが「言いかえの幅」を読み取るときの大切な感覚です**。今後、ぜひ意識してみてください。

したがって本問では、完全に○とは言い切れないかもしれませんが、傍線部②「母の顔色はさっと変《かわ》りました」の理由として最も適切な選択肢を選ぶとすれば、やはり「イ」になります。

【解答／問二】　イ

【問三／解説】

傍線部③「一人の外国少女」の人物の説明として適切でないものを選ぶ《内容正誤問題》です。

手順❶　本文と選択肢の照らし合わせを行い、「消去法」で選ぶ。

手順❷　答えが決まらない場合、最もマイナス点の少ない選択肢を正解として選ぶ。

《内容正誤問題》では、**「記憶で解かずに、必ず本文と選択肢を照らし合わせながら選択肢を吟味《ぎんみ》すること」が大切です。**

ア　戦争で荒廃《こうはい》することになる故国へ帰っていった人物。

イ　町の女学校にたのまれて音楽の教師をしていた人物。×チガ

ウ　学校に寄贈されたピアノの持ち主だった人物の子ども。

エ　宣教師として来日していて病気で亡くなった人物の子ども。

選択肢「イ」にあたる人物は「私の母」ですから、これが適切でない選択肢ですね。したがって「イ」が正解です。

ちなみに選択肢「ア」「ウ」「エ」は、それぞれ次の本文のくだりと合致します。

選択肢「ア」の根拠

・あとで聞けば、その近き日に故国に帰るため、その町を立ち去った異国の少女があったと伝えられました――伊太利……。いまはあの戦いの巷《ちまた》にふみにじられた詩の国の空（57～58行目）

選択肢「ウ」「エ」の根拠

・「いいえ、あのピアノは、よほど前のこと、伊太利の婦人で当地へ宣教師として来ていたマダム、ミリヤ夫人が病気でなくなられたのち記念として寄附《きふ》されたものです」（42〜43行目）

・亡きマダム・ミリヤの子。オルテノ（53行目）

【解答／問三】 イ

・・・・・・・・・・・・・・・・・・・・・・・・・・・・・・・・・・・・・・・

【問四／解説】

「なぜですか」と問われているので、《理由問題》ですね。手順に従って考えましょう。

手順❶　〈傍線部のルール〉により、傍線部を正しく理解する。

傍線部④に「これを聞いて」とありますので、こういう場合、「これ」という指示語が何を指すのかをしっかり確認しておきましょう。（**傍線部のルール❷傍線部内の指示語・比喩・わかりにくい表現は言いかえる**）

指示語が指している内容は普通、指示語の前（近く）にありますから、そのあたりを探すと、

・「いいえ、あのピアノは、よほど前のこと、伊太利の婦人で当地へ宣教師として来ていたマダム、ミリヤ夫人が病

気でなくなられたのち記念として寄附《きふ》されたものです」（42～43行目）

という校長先生のセリフを指していることがわかりますね。したがって傍線部④は、「母は、講堂のピアノが、当地で亡くなったイタリア人宣教師、ミリヤ夫人の記念として学校に寄付されたものだと聞いて、ほほえみました」と読みかえることができます。

手順❷　本文をもとに、〈予想解答〉を作る。

傍線部④「母は、これを聞いて、ほほえみました」を「結果」としたときの「原因・理由」を考えます。

では、なぜ母は、講堂のピアノが、当地で亡くなったイタリア人宣教師、ミリヤ夫人の記念として学校に寄付されたものだと聞いて、ほほえんだのでしょうか。それは次のあたりからわかりそうです。

・それを聞いた時母の顔色はさっと変《かわ》りました。その楽曲は海香《はる》かな伊太利《イタリー》の楽壇《がくだん》に名高い曲だったのです。（33行目）
・小窓が音もなく開《あ》くと見る中《うち》に、すらっと脱《ぬ》け出た影、黄金の髪《かみ》ブロンドの瞳《ひとみ》！月光に夢のように浮《う》き出た一人の外国少女の俤《おもかげ》！（34～35行目）
・母は黙《だま》ってただ、ため息を吐《つ》くばかりでした。（38行目）

このとき母は、ピアノを弾いていたのがイタリアの少女だということを知ったのですね。だからこそ、その後、校長の言葉を聞いたとき、その少女がミリヤ夫人と関係のある人物だと思ったのでしょう。

これらのことから〈予想解答〉は、〈ピアノを弾いていた少女が、ミリア夫人と関係のある人物だとわかったから〉

というくらいになるのではないでしょうか。

手順❸「消去法」を使いながら、〈予想解答〉に最も近い選択肢を「積極法」によって選ぶ。

ア　ピアノを弾いているのが／亡き夫人をしたう人間だと理解できたから。
イ　ピアノは無理にでも／それをうけつぐ人の手にわたるべきだと考えたから。×チガ(ナシ)
ウ　ピアノは自分が考えていたよりも×ナシ／しっかりした人の物だったとわかったから。
エ　ピアノの音色をあれほど美しく出せるのは／日本の少女では無理だと実感したから。×チガ(ナシ)

選択肢「ア」は〈予想解答〉に最も近い選択肢ですからこれが正解。
選択肢「ウ」の「自分が考えていたよりも」ですが、母はピアノの持ち主が誰だったのかを考えていたわけではないので「ナシ」です。選択肢「イ」「エ」も、本文からは読み取れないので「チガ」あるいは「ナシ」で×。

【解答／問四】　ア

【問五／解説】

「どういう気持ちの表れですか」と問われているので、これは《気持ち問題》です。

手順❶〈傍線部のルール〉により、傍線部を正しく理解する。

念のため、「涙ぐむ」とは、「泣きそうになる」という意味です。したがって、**傍線部のルール❹傍線部に省略された主語・述語・目的語を補う**により、傍線部⑤をわかりやすく言いかえると、「母はオルテノの手紙を読んで、泣きそうになった」ということですね。

手順❷ 本文をもとに、〈予想解答〉を作る。

《気持ち問題》では、〈予想解答〉を作るために、

(1) 言動・情景描写から「気持ち」を読み取る（映像化してイメージする）。

(2) その「気持ち」になった「理由」を読み取る。

(3) 〈予想解答〉は「理由＋気持ち」で作る。

という三つのプロセスが必要でした。覚えていますか？

では、まずは言動・情景描写から「気持ち」を読み取ります。手順❶で、「母はオルテノの手紙を読んで、泣きそ

うになった」とわかりました。「泣く」という行動から読み取れる「気持ち」はさまざまですが、母の様子を映像化してイメージしてみればわかりやすいでしょう。この場合、オルテノの手紙を読んでの涙ですから、おおよそ「悲しい」「かわいそう」、「せつない」といった方向の気持ちだと推察できます。

では、なぜオルテノの手紙を読んで「悲しい」「かわいそう」「せつない」といった気持ちになったのでしょう。それは手紙の中に、

・亡きマダム・ミリヤの子。オルテノ。（53行目）

とあったため、講堂のピアノを弾いていた外国の少女が、当地で亡くなった宣教師マダム・ミリアの子だとわかったからでしょう。このことと合わせて、

・翌日の夕、いつもよりははるかに高らかに哀《あわ》れふかくかの講堂のピアノは怪しき奏手の人の指によって鳴ったのを、母は校庭で聞きました（44〜45行目）

というあたりから、母は、オルテノが亡き母マダム・ミリヤをしのんでピアノを弾いていたのだと思ったのでしょう。

したがって、〈予想解答〉を「理由＋気持ち」で作ると、〈オルテノが亡き母マダム・ミリヤをしのんでピアノを弾いていたのだと思い、せつない気持ち〉といったところになるのではないでしょうか。

手順❸「消去法」を使いながら、〈予想解答〉に最も近い選択肢を「積極法」によって選ぶ。

ア　少女のピアノの音色を再び聞けないことを《×チガ》／残念に思う気持ち《×チガ》。

イ　外国で母を亡くした身の上の少女の／つらい心情を思いやる気持ち。

ウ　戦争がおわったばかり《×アト》の故国に帰らざるをえない少女に／同情する気持ち《△》。

エ　あわただしいなかでも花を残していった少女の素早さに《×チガ》／感動する気持ち《×チガ》。

選択肢「イ」は〈予想解答〉を言いかえたものとしておおむね良さそうですから、これが正解。

選択肢「ウ」の「戦争が終わったばかりの故国に帰らざるをえない」という部分は、本文に、

・あとで聞けば、その近き日に故国に帰るため、その町を立ち去った異国の少女があったと伝えられました（57行目）

とあるように、後で知ったことですから、傍線部⑤の時点で母が涙ぐんだ理由にはなりません。したがって「アト」で×になります。

【解答／問五】　イ

【練習問題4】 次の文章を読んで後の問いに答えなさい。（海城中　二〇一七年・改）

君たちは、

「夢を持ちなさい」

「夢のない人生には価値がない」

「夢を持たない人間は、誰《だれ》にも愛されない」

「夢があってこそ人は輝《かがや》く」

てなことを信じているかもしれない。

というのも、昨今、ものわかりのよさげな大人は、誰もが異口同音に、

「自分だけの夢に向かって努力しなさい」
①といった調子のお話を子供に吹き込《ふこ》む決まりになっているからだ。

この「夢」を中心に据《す》えた教訓話は、ある時期から急に言われはじめたことで、私が子供だった頃《ころ》は、さして人気のある*プロットではなかった。というよりも、②私が子供だった50年前には、夢を持っている子供はむしろ少数だった。事実、私は、自分が夢を持っていた記憶《きおく》を思い出すことができない。

にもかかわらず、夢なんかなくても、子供時代は楽しかった。当然だ。子供は「いま、ここ」にあるがままにある存在で、その時々の一瞬一瞬《いっしゅん》を、その場その場の感情のままに生きている。その、あるがままの子供達は、「将来の展望」や「未来への希望」を特段に必要としていない。彼らの生活は、「大人になるための準備」として運営されているのでもなければ、「夢への助走」として立案されたものでもない。子供であることの楽しさは、元来、そこのところ（未来や過去と切り離《はな》されているところ）にある。

「夢」を持つことは、一見、前向きで素晴《すば》らしい取り組みであるように見える。しかしながら、注意深く検討してみると、「夢」は「未来のために現在を犠牲《ぎせい》にする」要素を含《ふく》んでいる。

ということは、「夢を持ちなさい」という一見素敵《すてき》に響くアドバイスは、その実、「今を楽しむ」という子供自身にとって最も大切な生き方を真っ向から否定する命令（具体的には「将来のために今の楽しみを我慢《がまん》しなさい」ということ）でもあるわけで、とすれば、悪質な「夢」に囚《とら》われた少年少女は、不確かな未来のために、かけがえのない思春期を台無しにしているのかもしれない。

自分の将来に「夢」を設定した人間は、その夢から逆算して、現在の生活を設計しなければならなくなる。と、その子供の「現在」は、将来のための準備期間、すなわち③「努力と忍耐《にんたい》の時間」に性格を変える。たとえば、プロサッカーの選手になることを心に決めた14歳は、部活の練習だけでは足りないと考える。と、彼は、放課後の2時間を自主練習に当てる決意を固めなければならない。あるいは、東京大学に合格する目標を立てた12歳は、一日に8時間の勉強時間を自分に課すかもしれない。

もし、君の抱《いだ》いている夢が、自分自身の内側から自然に湧《わ》き上がってきた夢であるのなら、現在の娯楽《ごらく》や休息を多少犠牲にしてでも、将来のために努力を傾ける価値がある。でも、もし仮に君の抱いている「夢」が、「夢を持たねばならない」という義務感から無理やりに設定した④お仕着せの人生設計であるのだとしたら、ほかならぬ自分自身をがんじがらめにするそんな不自由な夢からは、早めに目を覚ました方がよい。

⑤若い頃に自分で「夢」だと思っていたものが、大人になった時点から振《ふ》り返ってみると、ただの「虚栄心《きょえいしん》」だったという例は珍《めずら》しくない。自分で夢だと思っているそのことが、実は、現実を直視せずに済ますための事前弁解だったというケースもある。そうでなくても、親しく行き来しているメンバーが、同じデザインの靴下《くつした》を欲しがるみたいにして揃《そろ》えたがる「夢」は、死刑囚《しけいしゅう》の目からギロチン台を隠《かく》しておくための絵屏風《びょうぶ》とそんなに変わらない機能を果たしている。つまり、「夢」は、なによりもまず、自分をだましたい人間が自分をだますために見る物語だということだ。

もうひとつ指摘《してき》しておきたいのは、「夢」という単語が、ほぼ必ず「職業」に結びつく概念《がいねん》として語られるようになったのは、この30年ほどに定着した、比較《ひかく》的新しい傾向《けいこう》だということだ。

昭和の中頃まで、子供たちが「夢」という言葉を使う時、その「夢」は、もっと他愛《たあい》ない、バカバカしいものだった。というよりも、「実現可能」だったりするものは、はなから「夢」とは呼ばれなかった。であるから、「看護師になりたい」とか「編集者になりたい」といった感じの、実現に向けてコツコツと努力しなければならないタイプの堅実な「夢」は、子供らしい生き生きとした「夢」とは見なされなかった。

それが、いつの頃からなのか、「夢」は、より現実的な「目標」じみたものに変質した。そして、現実的になるとともに、それは年頃の男女が、一人にひとつずつ必ず持っていなければならない必携《ひっけい》のアイテムとして、万人《ばんにん》に強要されるようになっている。

なんだかつらい話だ。

本来なら、退屈《たいくつ》な現実から逃避《とうひ》するためのヒーロー幻想《げんそう》であったり、叱《しか》られた小中学生が*うたかたの慰安《いあん》を求めて思い浮《う》かべる絵空事であった「夢」という多分に無責任な妄想《もうそう》が、就職活動の面接における必須《ひっす》ワードになっていたり、中高生が考える職業選びの土台になっていったりする現状は、今年の秋に60歳になる私の目から見ると、あきらかにどうかしている。

21世紀にはいって十数年が経過した現在、「夢」は、子供たちが「将来就《つ》きたい職業」そのものを意味する極《きわ》めて*卑近《ひきん》な用語に着地している。なんという、夢のない話であることだろうか。

結局、この30年ほどの間に、われわれは、より若い子供たちに、

「実現可能な夢を早い段階で確定しておきましょう」

というプレッシャーを与《あた》える教育をほどこしてきたわけだ。ということはつまり、⑥少なくとも平成にはいって以来の社会の変化は、「夢」という言葉から夢が失われていく過程そのものだったということになる。

（中略）

13歳の段階の少年少女が、自分の得意不得意や、好奇心《こうきしん》や、好き嫌いや、あるいは友達のマネやアニメの影響で、どんな職業に憧《あこが》れるにせよ、その憧れは、どうせたいして現実的なお話ではない。

3年後には、たぶん笑い話になっている。

そういう、3年たってから振り返って笑えるみたいな憧れを持つのは大変に結構なことだ。

というのも、憧れは、それに到達《とうたつ》することによってではなくて、届かないことや、じきに笑い話になることによって、それを抱いていた人物を成長させるものだからだ。

ただ、

「この広い世界には、きっと自分に向いた仕事があるはずだ」

という思い込みを抱くことは、夢を持つこととは違《ちが》う。それは人生の選択を狭《せば》めかねない。その意味で、あまりおすすめできない。

（中略）

職業信仰《しんこう》は、ある意味で、偏差値《へんさち》信仰や学歴信仰よりもタチが悪い。

というのも、学歴や偏差値が、しょせんは数値化された一面的な能力の指標であるのに比べて、「職業」が物語る「能力」は、ずっと多岐《たき》にわたるからだ。

だから、職業を背景とした肩書《かたがき》信仰は、特定の職業に就いている者（あるいは職業に就いていない人間）への差別を生じさせる。

それ以上に、職業信仰は、「どこかに青い鳥（自分に向いた楽しくてやりがいのある仕事）がいる」という、空虚《くうきょ》な不遇《ふぐう》感の温床《おんしょう》になる。⑦その意味で実に厄介だ。

実際には、⑧作業そのものに好奇心を抱かせる要素がなくても、いきいきと働いている人はたくさんいる。

たとえば、ネジのアタマが均等に揃っているのかを検査するみたいなおよそ退屈にしか見えない仕事にでも、取り組んでいる人間は、それなりにいる。

よく似たなりゆきを、部活の練習で経験した生徒もいるはずだ。

作業や練習メニュー自体が退屈でも、毎日の繰《く》り返しの中で成果があがれば、それなりに楽しくなってくることはある。

また、キツいサーキットトレーニングでも、気に入った仲間と一緒《いっしょ》にこなしていれば、多少は楽しく取り組むことができる。

つまり「職業」そのものとは別に「職場」の善《よ》し悪しや向き不向きが、仕事の評価を変えることもあるということだ。

自分の気に入った職場で、気のおけない仲間と一緒に働くのであれば、与えられた役割をこなすというそれだけのことが、責任感と達成感をもたらすことになる。それ以上に、他人の目には*瑣末《さまつ》な検品作業に見えるであろう仕事であっても、長年それに取り組んでいる人間からすれば、いわく言いがたい微妙な難しさがあるわけで、一定の経験を積めば、その難しさ（他人から見れば単に「キツさ」にしか見えない何か）にチャレンジすることに誇りを感じるようになる。

つまり、多くのベテランが言うように、仕事の素晴らしさやくだらなさは、ある程度の期間それに携《たずさ》わってみないとわからないということだ。

であれば、職業の名前で他人の能力を判断したり、自分に与えられている肩書《かたがき》で自分の幸福度やプライドを計測することは、テストの点数で他人を値踏《ねぶ》みすること以上に空《むな》しいということがわかるはずだ。

13歳の君たちは、とてもアタマが良い。

それだけに、⑨アタマだけで何かを判断することには慎重にならなければいけない。

仕事は、いずれ向こうからやってくる。

それまでの間は、なるべくバカな夢を見ておくことをおすすめする。

（小田嶋隆「13歳のハードワーク」より・晶文社刊）

＊注　プロット＝話しの筋書き。
うたかた＝水面に浮かぶあわ。はかなく消えやすいもののたとえ。
卑近＝日常的で身近な様子。
瑣末な＝細かいことであり、重要でない様子。

【問一】傍線部①「といった調子のお話を子供に吹き込《ふこ》む決まりになっているからだ」とあるが、この言い方には筆者のどのような思いが表れているか。次の中から適当なものを一つ選び、記号で答えなさい。
ア　多くの子供たちが大人に言われて夢を持つことは大切だと思いこんでいることへの驚き。
イ　子供に夢を持たせることは、子供にとっては必ずしもよいこととは言えないという疑念。
ウ　周囲の人たちが、子供に夢を持たせるよう指導すべきだと自分に強要することへの反発。
エ　子供に夢に向かって努力せよと言うことは、大人にとって当然のことだという義務感。

【問二】傍線部②「私が子供だった50年前には、夢を持っている子供はむしろ少数だった」とあるが、それは当時がどのような時代だったからか。次の中から適当なものを一つ選び、記号で答えなさい。
ア　子供が自分の将来のことを考える余裕《よゆう》がなく、今を生きることに精いっぱいの時代だったから。
イ　子供が今を純粋《じゅんすい》に楽しむことができたので、現実から逃避するための幻想が必要ない時代だったから。
ウ　子供が感情のままに今を生きることができ、特に将来の目標を持つ必要がない時代だったから。
エ　子供が今よりもずっと大人だったため、無責任な妄想をする子供がほとんどいない時代だったから。

【問三】傍線部③「『努力と忍耐《にんたい》の時間』に性格を変える」とあるが、なぜ「子供の現在」が「努力と忍耐《にんたい》の時間」になってはいけないのか。その理由として適当なものを、次の中から一つ選び、記号で答えなさい。

ア　かけがえのない子供時代を楽しむことは価値があるはずなのに、まちがった夢を追い求めることでその価値がなくなってしまうから。

イ　子供時代は夢中になって毎日を楽しむことが重要なのに、夢を持つことでそれを我慢して将来のために備えなければならないから。

ウ　子供時代に過度な努力と忍耐を課すと、将来、実際に夢が手に届くところに来た時に全力で努力をする余力がなくなってしまうから。

エ　子供に将来のための努力と忍耐をさせるには、大人の助けがかなり必要になり、子供自身の力で夢を実現することにはならないから。

【問四】傍線部④「お仕着せの人生設計」とあるが、どういうことか。次の中から適当なものを一つ選び、記号で答えなさい。

ア　それを目指すことで今の生活が充実《じゅうじつ》する夢ではなく、今やりたいことを我慢して自分をがんじがらめにしなければかなわない夢のこと。

イ　自分の内側から自然に湧き上がってきた夢ではなく、周りが目標にしているから自分も目指さなければならないと感じて作りあげた夢のこと。

ウ　自分が本当に実現したいと思っていた夢ではなく、周囲の人に強制されて無理矢理目指すことになってしまった夢のこと。

エ　自分の中から自然に生まれた夢ではなく、将来なりたいものがなければいけないと思いこんで無理に作りあげた夢のこと。

【問五】傍線部⑤「若い頃に〜ケースもある」とあるが、「ただの『虚栄心』だったという例」や「事前弁解だったというケース」の具体例として適当なものを、次の中から二つ選び、記号で答えなさい。

ア　若い頃から歌手になりたいと思っていたが、大人になっていざ夢をかなえてみると、その仕事には自分が考えてもみなかった人間関係のしがらみなどがともなうことに気づいた。

イ　若い頃は純粋にスポーツ選手に憧れているつもりだったが、大人になって考えると、勉強をしなければならない現実から目をそらし運動に夢中になるふりをしていただけだったと気づいた。

ウ　若い頃から総理大臣になるのが夢だったが、大人になってから冷静に振り返ってみると、それが現実味のない夢であり自分にはとうてい無理な目標であったことに気づいた。

エ　若い頃から医者になりたいと願っているつもりだったが、大人になってみると、自分が本当になりたい職業は他にあったのに、目指せと言われたがために医者を目指していたということに気づいた。

オ　若い頃から裁判官になるのが夢だったが、大人になってから思い返すと、それを目指していることで自分が人から認められるだろうという考えでその夢を追いかけていたことに気づいた。

カ　若い頃は小説家を目指していたが、大人になってみると、ただ個人的に文学を楽しみたいだけで現実の職業として文学をやっていくほどの強い思い入れは持っていなかったことに気づいた。

【問六】傍線部⑥「少なくとも平成にはいって以来の社会の変化は〜ということになる」とあるが、どういうことか。次の中から適当なものを一つ選び、記号で答えなさい。

ア　平成にはいって以来、「夢」は大人が早期に子供に課す努力目標を指すようになり、子供はしだいに「夢」から逃避するようになってきたということ。

イ　平成にはいって以来、「夢」という言葉そのものが使われなくなり、かわりに「職業」という言葉が多く用いられるようになってきたということ。

ウ　平成にはいって以来、「夢」という言葉から明るい無邪気《むじゃき》さが感じられなくなり、それにともなって「夢」が話題にされなくなったということ。

エ　平成にはいって以来、「夢」からのびのびとした自由さが失われ、きゅうくつで手堅《てがた》く選択された職業を「夢」と呼ぶようになったということ。

【問七】傍線部⑦「その意味で実に厄介だ」とあるが、なぜ「厄介」なのか。その理由として適当なものを、次の中から一つ選び、記号で答えなさい。

ア　たまたま今の仕事が向いていないだけで、自分にふさわしい仕事は必ずどこかにあると考えて、自分は恵まれていないと思うようになってしまうから。

イ　自分が職場で思うように評価してもらえないのは、仕事に対する経験がまだ足りていないだけなのに、簡単に今の仕事に見切りをつけてしまうから。

ウ　いきいきと働くことができないのは、今の仕事が自分に合っていないだけなのに、自らの能力のなさを恥《は》じ、自分を追いこむことになりがちだから。

エ　学歴や偏差値で他人におくれをとっている人たちにとって、肩書きでしかその評価をくつがえすことはできないため、職業に対する信仰心が強くなるから。

【問八】傍線部⑧「作業そのものに好奇心を抱かせる要素がなくても、いきいきと働いている人はたくさんいる」とあるが、なぜ「いきいきと」働けるのか。その理由として適当なものを、次の中から一つ選び、記号で答えなさい。

ア　どういう職業、どういう作業内容であるかということではなく、その職場で自分がどれだけ責任ある地位につくことができるかということが重要だから。

イ　作業の内容そのものは単純である方がかえって職場での人間関係を良好に保っていきやすく、仲間と力を合わせて仕事をする楽しさや充実感を得やすいから。

ウ　複雑で高い能力を必要とする仕事よりも、かえって退屈にしか思えない単純な作業の方がより微妙な技術を必要とし、やりがいの感じられる仕事であるから。

エ　職業や作業そのものの楽しさとは別に、職業環境《かんきょう》や一見単純できついだけの仕事の中にも見つけられるやりがいによって、仕事に対する満足度は上がるから。

【問九】傍線部⑨「アタマだけで何かを判断することには慎重にならなければいけない」とあるが、筆者がここでこのように言っているのはなぜか。その理由として適当なものを、次の中から一つ選び、記号で答えなさい。

ア　「バカな夢をみておくこと」によって、自分に合った仕事は、いずれ向こうからやってくるものだから。

イ　職場によって仕事の評価が変わるため、仕事の価値は、ある程度の経験を積むことで必ず見えてくるものだから。

ウ　職業で他人の能力を判断したり、肩書で自分の幸福度やプライドを測ることは、空しいことだから。

エ　仕事の価値というものは、一定の期間、その仕事を経験してみて初めてわかることだから。

【練習問題4／問一／解説】

「筆者のどのような思いが表れているか」を問われていますから、《気持ち問題》ですね。

手順❶〈傍線部のルール〉により、傍線部を正しく理解する。

まず、**傍線部のルール❶傍線部はいくつかの部分に分けて考える**で傍線部を分けてみると、次のようになります。

（1）といった調子のお話を／（2）子供に吹《ふ》き込《こ》む決まりになっているからだ

このように分けたら、次に、それぞれの部分に含まれる指示語・比喩・わかりにくい表現を、わかりやすい別の言葉で言いかえます。（**傍線部のルール❷傍線部内の指示語・比喩・わかりにくい表現は言いかえる**）

（1）の「といった調子のお話」とは、どのような話かといえば、

・昨今、ものわかりのよさげな大人は、誰もが異口同音に、
「自分だけの夢に向かって努力しなさい」（7〜8行目）

とあるような話ですね。「ものわかりのよい」とは本来「事情・状況、人の立場などを理解する能力が高い」「のみこみのはやい」といった意味ですが、ここでは「世間の流れに合わせるのがうまい」「世間に流されやすい」くらいの、皮肉的な意味を含ませていることが感じられます。したがって（1）の「といった調子のお話」とは、「昨今の、世

間に流されやすい大人が口にする、自分の夢に向かって努力するようにと促す話」だとわかります。

また（2）の「吹《ふ》き込《こ》む」ですが、これは「そそのかして教える」という意味です。「そそのかす」とは、「（主に悪い方向へと）誘い導く」といった意味ですから、ここにも皮肉めいた響きがありますね。

したがって（1）（2）を考え合わせると、傍線部①は、

（1）昨今の、世間に流されやすい大人が口にする、自分の夢に向かって努力するようにと促す話を、／（2）子供にそそのかして教える決まりになっているからだ

という意味だとわかります。

手順❷　本文をもとに、〈予想解答〉を作る。

手順❶でやった通り、

・ものわかりのよさげな大人（7行目）
・吹き込む（9行目）

には、皮肉めいた気持ちが読み取れます。また、

・この「夢」を中心に据《す》えた教訓話（10行目）

とありますが、夢にカッコをつけて「夢」と表記していることからも、この「夢」には筆者が賛同できない気持ち、皮肉を込めた気持ちが読み取れますね。

さらには次の本文のくだりからも、「夢を持ちなさい」というアドバイスに対する疑問や反感といった気持ちがうかがえます。

・「夢」を持つことは、一見、前向きで素晴《すば》らしい取り組みであるように見える。しかしながら、注意深く検討してみると、「夢」は「未来のために現在を犠牲《ぎせい》にする」要素を含《ふく》んでいる。

ということは、「夢を持ちなさい」という一見素敵《すてき》に響くアドバイスは、その実、「今を楽しむ」という子供自身にとって最も大切な生き方を真っ向から否定する命令（具体的には「将来のために今の楽しみを我慢《がまん》しなさい」ということ）でもあるわけで、とすれば、悪質な「夢」に囚《とら》われた少年少女は、不確かな未来のために、かけがえのない思春期を台無しにしているのかもしれない。（18〜23行目）

つまり筆者の気持ちとしては「皮肉」「不賛同」「疑問」「反感」といったところでしょう。

そしてなぜ筆者が「皮肉」「不賛同」「疑問」「反感」を感じているかといえば、右にあるように「大人が子供に説《と》く『夢』は、未来のために現在を犠牲にする要素を含み、子供が不確かな未来のためにかけがえのない思春期を台無しにしているかもしれないから」でしょう。

《気持ち問題》ですから「原因・理由＋気持ち」で〈予想解答〉を大まかに作ると、〈大人が子供に説《と》く「夢」は、未来のために現在を犠牲にする要素を含み、子供が不確かな未来のためにかけがえのない思春期を台無しにしているかもしれないから、皮肉や不賛同、疑問、反感を抱いている〉などとなるでしょう。

手順❸「消去法」を使いながら、〈予想解答〉に最も近い選択肢を「積極法」によって選ぶ。

ア　多くの子供たちが大人に言われて／夢を持つことは大切だと思いこんでいることへの×《ズレ》／驚き×《チガ》。

イ　子供に夢を持たせることは、／子供にとっては必ずしもよいこととは言えないという／疑念。

ウ　周囲の人たちが、／子供に夢を持たせるよう指導すべきだと自分に強要することへの×《ナシ》／反発。

エ　子供に夢に向かって努力せよと言うことは、／大人にとって当然のことだという×《チガ》／義務感×《チガ》。

筆者は、大人が子供に「夢」を説《と》くことに対して疑問を感じているのであって、選択肢「ア」の「夢を持つことは大切だと思いこんでいることへの」ではないので、これは「ズレ」の×です。

選択肢「イ」は〈予想解答〉の言いかえになっている選択肢と読めますから、これが正解。

選択肢「ウ」の「反発」は間違ってはいませんが、「子供に夢を持たせるよう指導すべきだと自分に強要すること」はどこにも書かれていませんから「ナシ」です。

【解答／問二】 イ

【問二／解説】

《理由問題》ですね。傍線部②には難しい部分がありませんので、手順❷から始めましょう。

手順❷　本文をもとに、〈予想解答〉を作る。

傍線部②「私が子供だった50年前には、夢を持っている子供はむしろ少数だった」が「結果」にあたります。これに対する「原因・理由」を本文から読み取ります。これは本文に、

・にもかかわらず、夢なんかなくても、子供時代は楽しかった。当然だ。子供は「いま、ここ」にあるがままにある存在で、その時々の一瞬一瞬《いっしゅん》を、その場その場の感情のままに生きている。その、あるがままの子供達は、「将来の展望」や「未来への希望」を特段に必要としていない。（13～15行目）

とあることから、おおよそ〈子供はその時々の一瞬一瞬を、その場その場の感情のまま生きていたため、夢などなくても楽しい時代だったから〉などと考えることができるでしょう。これが〈予想解答〉です。

手順❸　「消去法」を使いながら、〈予想解答〉に最も近い選択肢を「積極法」によって選ぶ。

ア　子供が自分の将来（×ナシ）のことを考える余裕がなく、／今を生きること（×チガ（ナシ））に精いっぱい（×ナシ）の時代だったから。

イ　子供が今を純粋《じゅんすい》に楽しむことができたので、／現実から逃避するための幻想が必要ない時代だったから。

ウ　子供が感情のままに今を生きることができ、／特に将来の目標を持つ必要がない時代だったから。

エ　子供が今よりもずっと大人だったため、（×ナシ）／無責任な妄想をする子供がほとんどいない時代だったから。（×ナシ）

【解答／問二】 ウ

…………………………………………

【問三／解説】

《理由問題》が続きます。

手順❶〈傍線部のルール〉により、傍線部を正しく理解する。

傍線部③「『努力と忍耐《にんたい》の時間』に性格を変える」は、傍線部のルール❹傍線部に省略された主語・述語・目的語を補うによって「主語」を補いながら、傍線部のルール❶傍線部はいくつかの部分に分けて考えるで分けてみると、次のようになります。

自分の将来に「夢」を設定した子供の「現在」は（主語）／「努力と忍耐《にんたい》の時間」／に性格を変える

ここでわかりづらいのが「努力と忍耐の時間」ですが、これはどういうことでしょうか。（傍線部のルール❷傍線

部内の指示語・比喩・わかりにくい表現は言いかえる）

・と、その子供の「現在」は、将来のための準備期間、すなわち「努力と忍耐《にんたい》の時間」に性格を変える。（25行目）

本文を見ると、傍線部③の直前に「すなわち」とありますね。「すなわち」は、その前の言葉を後ろの言葉で言いかえるときに用いる接続語です。したがって、ここでは、「将来のための準備期間」＝「努力と忍耐の時間」と述べていることがわかりますね。これらにより、傍線部③は次のような意味だと理解できます。

「努力と忍耐《にんたい》の時間」／に性格を変える

←

自分の将来に「夢」を設定した子供の「現在」は／将来のための準備期間／に性格を変える

主語

手順❷　本文をもとに、〈予想解答〉を作る。

ではなぜ、「子供の現在」が「努力と忍耐の時間」、すなわち「将来のための準備期間」になってはいけないのでしょうか。「子供の現在が将来のための準備期間になってはいけない」を「結果」としたときの「原因・理由」を本文から読み取ります。

・「夢」を持つことは、一見、前向きで素晴《すば》らしい取り組みであるように見える。しかしながら、注意深く検討してみると、「夢」は「未来のために現在を犠牲《ぎせい》にする」要素を含《ふく》んでいる。

ということは、「夢を持ちなさい」という一見素敵《すてき》に響くアドバイスは、その実、「今を楽しむ」という子供自身にとって最も大切な生き方を真っ向から否定する命令（具体的には「将来のために今の楽しみを我慢《がまん》しなさい」ということ）でもあるわけで、とすれば、悪質な「夢」に囚《とら》われた少年少女は、不確かな未来のために、かけがえのない思春期を台無しにしているのかもしれない。（18〜23行目）

右にあるように、それは、〈大人が子供に説《と》く「夢」は、未来のために現在を犠牲にする要素を含み、「今を楽しむ」という子供にとって最も大切な生き方を否定し、子供が不確かな未来のためにかけがえのない思春期を台無しにしているかもしれないから。〉でしょう。これが、なぜ「子供の現在」が「努力と忍耐の時間（＝将来のための準備期間）」になってはいけないか、という問いに対する〈予想解答〉になります。

手順❸　「消去法」を使いながら、〈予想解答〉に最も近い選択肢を「積極法」によって選ぶ。

ア　かけがえのない子供時代を楽しむことは価値があるはずなのに、／まちがった夢を追い求めることで／その価値がなくなってしまうから。

イ　子供時代は夢中になって毎日を楽しむことが重要なのに、／夢を持つことでそれを我慢して将来のために備えなければならないから。

ウ　子供時代に過度な努力と忍耐を課すと、／将来、実際に夢が手に届くところに来た時に／全力で努力をする余力がなくなってしまうから。

エ　子供に将来のための努力と忍耐をさせるには、／大人の助けがかなり必要になり、／子供自身の力で夢を実現することにはならないから。

選択肢「イ」以外は、明らかに本文に書かれていない内容ですね。このように長い選択肢でも、〈予想解答〉を作ることではっきりと正解を選ぶことができます。

【解答／問三】 イ

・・

【問四／解説】

傍線部④「お仕着せの人生設計」とはどういうことかと問われていますから、《内容説明問題》ですね。《内容説明問題》とは、**傍線部や問われている内容とイコールの関係にあることがらを選ぶ問題でした。**

手順❶〈傍線部のルール〉により、傍線部を正しく理解する。

まず、傍線部のルール❶傍線部はいくつかの部分に分けて考えるで二つに分けてみると、次のようになります。

（1）お仕着せの／（2）人生設計

次に、それぞれの部分を傍線部のルール❷傍線部内の指示語・比喩・わかりにくい表現は言いかえるによって言いかえてみましょう。

（1）の「お仕着せの」について。「お仕着せ」とは「自分の意志とは関係なく一方的に与えられたことがら」という意味ですが、その意味を知らなくとも、傍線部④を含む一文に、

・「夢を持たねばならない」という義務感から無理やりに設定したお仕着せの人生設計（30〜31行目）

とあることから、ここでの「お仕着せ」とは、「『夢を持たねばならない』という義務感から無理やりに設定したもの」だとわかるでしょう。このように、傍線部を理解しようとするときには、傍線部だけでなく、傍線部を含む一文をしっかり読むことが大切です。

（2）の「人生設計」とは、自分の内側から湧き上がってきたものではなく、「夢を持ちなさい」というアドバイスによって持たされている「夢」のことでしょう。これらのことから、傍線部④「お仕着せの人生設計」は、次のように理解することができます。

お仕着せの／人生設計

↓

「夢を持たねばならない」という義務感から無理やりに設定した／夢

手順❷　本文をもとに、〈予想解答〉を作る。

手順❶でやった〈「夢を持たねばならない」という義務感から無理やりに設定した夢〉が〈予想解答〉になります。

手順❸「消去法」を使いながら、〈予想解答〉に最も近い選択肢を「積極法」によって選ぶ。

ア　それを目指すことで今の生活が充実する夢ではなく、×チガ／今やりたいことを我慢して自分をがんじがらめにしなければかなわない夢のこと。

イ　自分の内側から自然に湧き上がってきた夢ではなく、／周りが目標にしているから×ナシ／自分も目指さなければならないと感じて作りあげた夢のこと。×チガ

ウ　自分が本当に実現したいと思っていた夢ではなく、／周囲の人に強制されて×ナシ／無理矢理目指すことになってしまった夢のこと。

エ　自分の中から自然に生まれた夢ではなく、／将来なりたいものがなければいけないと思いこんで／無理に作りあげた夢のこと。

【解答／問四】　エ

【問五／解説】

これは四つの選択肢問題パターンからややずれる問題ですが、「ただの『虚栄心』だったという例」や「事前弁解だったというケース」とイコールの関係になる具体例を選ぶ問題ですから、考え方としては《内容説明問題》と同じです。ただ、今回はパターン分類にこだわらなくてもよいでしょう。そもそもパターンに分類して問題をとらえるのは、問題を解きやすくするためであり、パターンに分類すること自体が目的ではありませんから。

手順❶ 〈傍線部のルール〉により、傍線部を正しく理解する。
手順❷ 本文をもとに、〈予想解答〉を作る。

「ただの『虚栄心』だったという例」を（1）、「事前弁解だったというケース」を（2）として考えてみます。

ちなみに、（1）の「虚栄心」とは、「見栄を張りたがる心」のこと。（2）「事前弁解」とは「前もって言いわけをすること」、「ケース」とは「例」のことです。したがって、（1）（2）は次のように理解できます。

（1）ただの「虚栄心」だった例＝ただの「見栄を張りたがる心」だったという例

（2）事前弁解だったというケース＝前もって言いわけをした例

今回は右の（1）（2）が〈予想解答〉にあたります。「積極法」によって、右の（1）（2）にあてはまる例を次のア〜カから二つ選びましょう。

ア　若い頃から歌手になりたいと思っていたが、／大人になっていざ夢をかなえてみると、／その仕事には自分が考えてもみなかった／人間関係のしがらみなどがともなうことに気づいた。×チガ

イ　若い頃は純粋にスポーツ選手に憧れているつもりだったが、／大人になって考えると、／勉強をしなければならない現実から目をそらし 事前弁解の例として○／運動に夢中になるふりをしていただけだったと気づいた。

ウ　若い頃から総理大臣になるのが夢だったが、／大人になってから冷静に振り返ってみると、／それが現実味のない夢であり ×チガ／自分にはとうてい無理な目標 ×チガ であったことに気づいた。

エ　若い頃から医者になりたいと願っているつもりだったが、／大人になってみると、／自分が本当になりたい職業は他にあったのに、／目指せと言われたがために医者を目指していた ×チガ ということに気づいた。

オ　若い頃から裁判官になるのが夢だったが、／大人になってから思い返すと、／それを目指していることで／自分が人から認められるだろうという考えで 虚栄心の例として○／その夢を追いかけていたことに気づいた。

カ　若い頃は小説家を目指していたが、／大人になってみると、／ただ個人的に文学を楽しみたいだけで ×チガ／現実の職業として文学をやっていくほどの強い思い入れは持っていなかったことに気づいた。

選択肢「イ」の「勉強をしなければならない現実から目をそらし」が（2）「事前弁解だったというケース」にあたり、選択肢「オ」の「自分が人から認められるだろうという考えで」が（1）「ただの『虚栄心』だった例」にあたりますね。

【解答／問五】　イ、オ

【問六／解説】

傍線部⑥とはどういうことか、と問われていますから《内容説明問題》ですね。

手順❶〈傍線部のルール〉により、傍線部を正しく理解する。

傍線部のルール❶ 傍線部はいくつかの部分に分けて考える によって、まずは傍線部をいくつかの部分に分けてみます。

（1）少なくとも平成にはいって以来の社会の変化は、／（2）「夢」という言葉から夢が失われていく過程そのものだったということになる

次に、それぞれの部分を **傍線部のルール❷ 傍線部内の指示語・比喩・わかりにくい表現は言いかえる** によって言いかえてみます。（1）は言いかえなくとも理解できますので、ここでは（2）を考えてみましょう。

（2）でわかりづらいのは「『夢』という言葉から夢が失われていく」という部分です。これはどういうことでしょうか。本文の次のあたりからわかりそうです。

・本来なら、退屈《たいくつ》な現実から逃避《とうひ》するためのヒーロー幻想《げんそう》であったり、叱《しか》られた小中学生が*うたかたの慰安《いあん》を求めて思い浮《う》かべる絵空事であった「夢」という多分に無責任な妄想《もうそう》が、就職活動の面接における必須《ひっす》ワードになっていたり、中高生が考える職業選びの土台になっていったりする現状（48〜50行目）

・21世紀にはいって十数年が経過した現在、「夢」は、子供たちが「将来就《つ》きたい職業」そのものを意味する極《きわ》めて*卑近《ひきん》な用語に着地している。なんという、夢のない話であることだろうか。（52〜53行目）

つまり、「『夢』という言葉から夢が失われていく」とは、〈「夢」が、「将来就《つ》きたい職業」そのものを意味する極《きわ》めて*卑近《ひきん》な用語になってきたため、本来なら、退屈《たいくつ》な現実から逃避《とうひ》するためのヒーロー幻想《げんそう》であったり、叱《しか》られた小中学生が*うたかたの慰安《いあん》を求めて思い浮《う》かべる絵空事であった「夢」という多分に無責任な妄想《もうそう》が、就職活動の面接における必須《ひっす》ワードになっていたり、中高生が考える職業選びの土台になってきた〉ということだとわかりますね。

手順❷　本文をもとに、〈予想解答〉を作る。

手順❶で考えたことを踏《ふ》まえ、それを少し短めにして〈予想解答〉を作ると、〈平成にはいって以来、「夢」が「将来就《つ》きたい職業」そのものを意味する用語になってきたため、本来の「夢」という多分に無責任な妄想《もうそう》が、将来の就職活動や職業選びにつながるものになってきたということ〉くらいになるでしょう。

手順❸　「消去法」を使いながら、〈予想解答〉に最も近い選択肢を「積極法」によって選ぶ。

ア　平成にはいって以来、／「夢」は大人が早期に子供に課す努力目標を指すようになり、（×チガ（ナシ））／子供はしだいに「夢」から逃避するようになってきたということ。（×ナシ）

イ　平成にはいって以来、／「夢」という言葉そのものが使われなくなり、／かわりに「職業」という言葉が多く用いられるようになってきたということ。（×チガ）

ウ　平成にはいって以来、／「夢」という言葉から明るい無邪気《むじゃき》さが感じられなくなり、／それにともなって「夢」が話題にされなくなったということ。

エ　平成にはいって以来、／「夢」からのびのびとした自由さが失われ、／きゅうくつで手堅《てがた》く選択された職業を「夢」と呼ぶようになったということ。

選択肢「エ」はおおむね〈予想解答〉の言いかえになっていることがわかりますね。

【解答／問六】 エ

【問七／解説】

《理由問題》です。まずは傍線部の意味を正しく理解することから。

・・・・・・・・・・・・・・・・・・・・・・・・・・・・・・

手順❶〈傍線部のルール〉により、傍線部を正しく理解する。

傍線部のルール❶ 傍線部はいくつかの部分に分けて考える によって、傍線部をいくつかの部分に分けてみます。

（1）その意味で／（2）実に厄介だ

（1）の「その意味」という指示語が指している内容を確認しましょう（**傍線部のルール❷ 傍線部内の指示語・比喩・わかりにくい表現は言いかえる**）。普通、指示語が指している内容は、指示語の直前部分にあります。すると本文に、

・職業信仰は、「どこかに青い鳥（自分に向いた楽しくてやりがいのある仕事）がいる」という、空虚《くうきょ》な不遇《ふぐう》感の温床《おんしょう》になる。（75〜76行目）

とあるのが見つかりますから、（1）「その意味」とは、「職業信仰は、『どこかに青い鳥（自分に向いた楽しくてやりがいのある仕事）がいる』という、空虚《くうきょ》な不遇《ふぐう》感の温床《おんしょう》になる、という意味」と言いかえることができます。ちなみに「温床」とは「あるよくない物事または思想などが生まれ育ちやすい環境」のことを指します。

また、（2）「厄介」とは「面倒なこと」という意味です。

したがって、傍線部⑦は、次のように理解することができます。

（1）その意味で／（2）実に厄介だ

←

（1）職業信仰は、「どこかに青い鳥（自分に向いた楽しくてやりがいのある仕事）がいる」という、空虚《くうきょ》な不遇《ふぐう》感の温床《おんしょう》になる、という意味で／（2）実に面倒だ

手順❷　本文をもとに、〈予想解答〉を作る。

「厄介だ」を「結果」としたときの「原因・理由」を読み取りますが、これは手順❶で考えた「その意味で」＝「職業信仰は、『どこかに青い鳥（自分に向いた楽しくてやりがいのある仕事）がいる』という、空虚《くうきょ》な不遇《ふぐう》感の温床《おんしょう》になる、という意味で」がそのまま「原因・理由」にあたりますね。したがって〈予想解答〉は、〈職業信仰は、「どこかに青い鳥（自分に向いた楽しくてやりがいのある仕事）がいる」という、空虚《くうきょ》な不遇《ふぐう》感の温床《おんしょう》になるから〉となるでしょう。

手順❸ 「消去法」を使いながら、〈予想解答〉に最も近い選択肢を「積極法」によって選ぶ。

ア たまたま今の仕事が向いていないだけで、／自分にふさわしい仕事は必ずどこかにあると考えて、／自分は恵まれていないと思うようになってしまうから。

イ 自分が職場で思うように評価してもらえないのは、／仕事に対する経験がまだ足りていないだけなのに、△／簡単に今の仕事に見切りをつけてしまうから。×チガ(ナシ)

ウ いきいきと働くことができないのは、／今の仕事が自分に合っていないだけなのに、／自らの能力のなさを恥じ、×ナシ／自分を追いこむことになりがちだから。×ナシ

エ 学歴や偏差値で他人におくれをとっている人たちにとって、／肩書きでしかその評価をくつがえすことはできないため、×スギ／職業に対する信仰心が強くなるから。×チガ

【解答／問七】 ア

【問八／解説】

これも《理由問題》です。傍線部⑧自体は特に難しくありませんから、手順❷から考えます。

手順❷　本文をもとに、〈予想解答〉を作る。

「いきいきと働ける」を「結果」としたときの「原因・理由」を本文から読み取ります。すると、

・たとえば、ネジのアタマが均等に揃っているのかを検査するみたいなおよそ退屈にしか見えない仕事にでも、取り組んでいる人間は、それなりにいる。

よく似たなりゆきを、部活の練習で経験した生徒もいるはずだ。

作業や練習メニュー自体が退屈でも、毎日の繰《く》り返しの中で成果があがれば、それなりに楽しくなってくることはある。（78～82行目）

右のように、「作業や練習メニュー自体が退屈でも、毎日の繰《く》り返しの中で成果があがれば、それなりに楽しくなってくることはある」ため、いきいきと働くことができるわけであり、続いて本文に、

・また、キツいサーキットトレーニングでも、気に入った仲間と一緒《いっしょ》にこなしていれば、多少は楽しく取り組むことができる。

つまり「職業」そのものとは別に「職場」の善《よ》し悪しや向き不向きが、仕事の評価を変えることもあるということだ。（83～85行目）

とあるように、「いきいきと」働くためには、「『職業』そのものとは別に『職場』の善《よ》し悪しや向き不向きが、仕事の評価を変えることもある」のだとわかりますね。

これらから〈予想解答〉を作ると、〈作業や練習メニュー自体が退屈でも、毎日の繰《く》り返しの中で成果があがれば、それなりに楽しくなってくることはあるし、「職業」そのものとは別に「職場」の善《よ》し悪しや向き不向きが、仕事の評価を変えることもあるから〉などとなるでしょう。

手順❸「消去法」を使いながら、〈予想解答〉に最も近い選択肢を「積極法」によって選ぶ。

ア　どういう職業、どういう作業内容であるかということではなく、／その職場で自分がどれだけ責任×ナシある地位につくことが×ナシできるかということが／重要だから。

イ　作業の内容そのものは単純である方が／かえって職場での人間関係を良好に保っていきやすく、／仲間と力を合わせて仕事をする楽しさや充実感を得やすいから。

ウ　複雑で高い能力を必要とする仕事よりも、／かえって退屈にしか思えない単純な作×ナシ業の方がより微妙な技術を必要とし、／やりがいの感×ナシじられる仕事であるから。

エ　職業や作業そのものの楽しさとは別に、／職業環境《かんきょう》や一見単純できついだけの仕事の中にも見つけられるやりがいによって、／仕事に対する満足度は上がるから。

選択肢「エ」は〈予想解答〉に最も近く、〈予想解答〉を言いかえた選択肢になっていることがわかりますね。

【解答／問八】　エ

【問九／解説】
本問は私がオリジナルで作成した《理由問題》です。いつも通りの手順で解いてみましょう。

手順❶〈傍線部のルール〉により、傍線部を正しく理解する。

傍線部のルール❶ 傍線部はいくつかの部分に分けて考える によって、傍線部をいくつかの部分に分け、その中で言いかえるべきところをわかりやすい言葉で言いかえてみましょう（**傍線部のルール❷ 傍線部内の指示語・比喩・わかりにくい表現は言いかえる**）。

（1）アタマだけで何かを判断することには／（2）慎重にならなければいけない

わかりづらいのは（1）の「アタマだけで何かを判断すること」でしょう。では、「アタマだけで何かを判断すること」とはどんなことを意味しているのでしょうか。

これを考える前に、まずは筆者がここで述べていることを整理して考えてみます。それが「アタマだけで何かを判断すること」が何を意味しているのかを考えるヒントになります。まず、本文に、

・他人の目には瑣末《さまつ》な検品作業に見えるであろう仕事であっても、長年それに取り組んでいる人間からすれば、いわく言いがたい微妙な難しさがあるわけで、一定の経験を積めば、その難しさ（他人から見れば単に「キツさ」にしか見えない何か）にチャレンジすることに誇りを感じるようになる。

つまり、多くのベテランが言うように、仕事の素晴らしさやくだらなさは、ある程度の期間それに携《たずさ》わってみないとわからないということだ。（87〜91行目）

とあるように、筆者は、「仕事の素晴らしさやくだらなさは、ある程度の期間それに携《たずさ》わってみないとわからない」と述べています。別の言い方をすれば、仕事の善し悪しは「経験」によってわかるものだと考えているわけですね。

そして、

・であれば、職業の名前で他人の能力を判断したり、自分に与えられている肩書《かたがき》で自分の幸福度やプライドを計測することは、テストの点数で他人を値踏《ねぶ》みすること以上に空《むな》しいということがわかるはずだ。（92〜93行目）

とあるように、「職業の名前で他人の能力を判断（＝職業信仰）」や「自分に与えられている肩書《かたがき》で自分の幸福度やプライドを計測すること（＝肩書信仰）」は、「テストの点数で他人を値踏《ねぶ》みすること（＝偏差値信仰）」以上に空しいと述べます。つまり筆者は、仕事の善し悪しは「経験」によってわかるもので、「職業信仰」や「肩書信仰」、「偏差値信仰」から職業を選ぶことは空しいと考えているわけですね。

（＋）経験
対比⇔
（－）職業信仰、肩書信仰、偏差値信仰

さて、ここで傍線部⑨に戻りましょう。となると、（1）の「アタマだけで何かを判断すること」とは、「テストの点数で他人を値踏《ねぶ》みすること（＝偏差値信仰）」を言いかえた表現だとわかりませんか。「アタマ」＝「頭の良し悪し」「学力」というわけです。すなわち筆者は、仕事の善し悪しは「経験」によってわかるものだから、「偏差値信仰」によって職業を選ぶことには慎重にならなければならない、と述べているのですね。したがって、傍線部⑨を言いかえると次のように考えることができます。

（1）アタマだけで何かを判断することには／（2）慎重にならなければいけない
↓
（1）偏差値信仰によって職業を選ぶことは／（2）慎重にならなければいけない

手順❷　本文をもとに、〈予想解答〉を作る。

「偏差値信仰によって職業を選ぶことは慎重にならなければいけない」を「結果」としたときの「理由」を考えます。もちろん、すでに手順❶で考えた通り、〈仕事の善し悪しは経験によってわかるものだから〉でしょう。これが〈予想解答〉です。

手順❸ 「消去法」を使いながら、〈予想解答〉に最も近い選択肢を「積極法」によって選ぶ。

ア 「バカな夢をみておくこと」《×チガ》によって、／自分に合った仕事は、／いずれ向こうからやってくるものだから。《△》

イ 職場によって仕事の評価が変わるため、／仕事の価値は、／ある程度の経験を積むことで／必ず《×スギ》見えてくるものだから。

ウ 職業で他人の能力を判断したり、／肩書で自分の幸福度やプライドを測ることは、／空しいことだから。《×ズレ》

エ 仕事の価値というものは、／一定の期間、／その仕事を経験してみて初めてわかることだから。

選択肢「イ」の「必ず」は言い過ぎなので、「スギ」で×。こういう言い過ぎ表現はいつも注意しましょう。

特にまぎらわしいのが選択肢「ウ」でしょうか。確かに、選択肢「ウ」の内容は本文に書いてあります。ただし、「空しいことだから」というのは、この場合、「理由」として成り立っていないのがわかりますか。念のため「から読み」「なぜなら読み」で確認してみましょう。

ウ 職業で他人の能力を判断したり、肩書で自分の幸福度やプライドを測ることは、空しいことだ《×ズレ》**から**、偏差値信仰によって職業を選ぶことは慎重にならなければいけない。

ウ 偏差値信仰によって職業を選ぶことは慎重にならなければいけない。**なぜなら**、職業で他人の能力を判断したり、肩書で自分の幸福度やプライドを測ることは、空しいことだから《×ズレ》である。

どうでしょうか。「偏差値信仰によって職業を選ぶことは慎重にならなければいけない」の理由として、「空しいことだから」というのは因果関係としておかしいですね。〈予想解答〉で考えたように、「偏差値信仰によって職業を選ぶことは慎重にならなければいけない」理由は、あくまで〈仕事の善し悪しは経験によってわかるものだから〉でしょう。したがって選択肢「ウ」は、本文に書いてはあるけれども問われていることとはズレた選択肢であるため、「ズレ」で×になります。

【解答／問九】 エ

【練習問題5】次の文章を読んで、後の問いに答えなさい。（豊島岡女子学園中　二〇二〇年・改）

雪音《ゆきね》の通う中学校では、近所に新しくできた図書館でどのようなイベントをしてほしいかという企画《きかく》の募集《ぼしゅう》が行われていた。本が好きで図書委員でもある雪音《ゆきね》は、学校で積極的にこの図書館企画《きかく》のアイデアを考えていたが、考えがまとまらず帰宅した。

家に帰ってからも、図書館企画《きかく》のアイデアを考え続けた。

ノートにいろいろと浮《う》かんだことを書いていったが、どうもしっくりいかない。

実は、頭に浮《う》かんで離《はな》れないものがあるのだ。

「①ぬいぐるみおとまり会」。

外国の図書館ではよく行われているイベントだ。子供のお気に入りのぬいぐるみを図書館に預け、彼《かれ》あるいは彼女《かのじょ》が夜の図書館で何をやっているのか——その行動をカメラで撮影《さつえい》してくれる。

子供のお気に入りのぬいぐるみを通して本と親しんでもらうことが目的だが、雪音《ゆきね》が知ったのは去年だ。日本の図書館もやっているそうで、その図書館のサイトなどをよく見たものだ。

子供が自分でぬいぐるみを図書館へ送り届け寝《ね》かしつけてから帰るとか、真面目《まじめ》な勉強や読書やお仕事をするだけでなく、大勢で仲良く雑魚寝《ざこね》をしたり、真夜中のパーティとか朝食とか——。迎《むか》えに来た子供には、そんなことをしているぬいぐるみの写真と＊彼《かれ》or彼女《かのじょ》が夜の間に読んでいた本が渡《わた》される。

とにかくすごく楽しそうで、自分ができないのが本当にくやしかった。新しい図書館でやってくれるかも、と思ったが、そういう予定はないらしい。どっちにしろ、多分中学生では参加できないだろう。

②だから、提案しようと思ったのだ。

オリジナルのアイデアではないし、図書館としてはありふれたものだろうけど、雪音《ゆきね》はどうしてもこれを、あの新しくてきれいな図書館で実現してほしかった。写真を撮《と》るのだったら、背景も美しい方がいいに決まっている。

さらにできれば、子供でない人にも参加できるようなものにしたい。

中学生の雪音《ゆきね》はもとより、大人だってそういう夢のあるイベントに興味のある人はたくさんいるだろう。我が子だけではなく、自分も参加したいというお母さんやお父さんだっているかも。

でも……自分で思いついたものではないと明記するにしても、*オリジナリティに欠けるとやはり選ばれないだろうか……？　何か他のことにした方がいいのか……。

③日曜日になっても、雪音《ゆきね》は考え続けていた。

提出日は月曜日だ。今月中に書き上げなければ。

だが、ぬいぐるみおとまり会にするか、新たに考えたものにするかで迷い、新たに考えるにしても子供向けにするか大人向けにするかで迷う。

だいたい大人が喜ぶことってなんだろうか……。

こんな時は、どうしたらいいの？

「気分転換しようかな……」

でも、外はあいにくの雨だった。ぶらぶら散歩するのもめんどくさい。

行くとしても屋根のあるところで、できれば静かなところ――というと、図書館しか浮《う》かばない自分に、そっとため息をつく。

うーん、大人になったらお気に入りのカフェでコーヒーや紅茶を飲みながら、ゆっくり読書なんてしたいなあ。でも今はおこづかいが苦しいからダメだ……。

　どんなカフェがいいだろうか、と空想しながら雨の中を歩いて図書館へ行く。

　日曜日の図書館はけっこう混んでいるものだが、今日は天気が悪いせいか静かだった。併設《へいせつ》されている喫茶《きっさ》コーナーの方が人が多い。

　ここの図書館の喫茶《きっさ》――いや、カフェもなかなか雰囲気《ふんいき》がいい。有名なパン屋さんが出店しているので、食べ物もおいしそうだが、ちょっと大人っぽくて敷居《しきい》が高い。

　この間会った*三宅《みやけ》さんはいるかなとカウンターをのぞいたが、いなかった。少しがっかりしたが、相談するつもりはなかった。休みかもしれないし。

　何だか自分には決心が足りないだけ、という気がしてならない。決めているのに、今一歩踏《ふ》み出せないというか……。

　それくらい、自分で決められないでどうする。中学生にもなって。

　今の気分にふさわしい本でも読もうと棚《たな》を見て回ったが、何だかタイトルが頭に入ってこない。適当に取ってページをパラパラめくっても、④文字が上滑《うわすべ》りする。

　こういう時は絵本かな。文字が頭に入ってこないのなら、絵を見ていればいい。

　雪音《ゆきね》は児童書コーナーへ向かった。

　いつもの日曜日ならにぎわっているコーナーだが、今日は一人だけ、五～六歳《さい》くらいの女の子がテーブルについて絵本を広げていた。切り株をかたどったかわいいテーブルだが、中学生になると座れないのだ。

　女の子が読んでいるのは、*『こんとあき』――雪音《ゆきね》の大好きな絵本だった。

　おばあちゃんに作ってもらったきつねのぬいぐるみ〝こん〟は、生れたばかりの女の子〝あき〟とともに成長する。こんはぬいぐるみだが、立って歩いて、しゃべって物も食べる。いっしょうけんめいあきの面倒《めんどう》を見るこんだが、ある日、腕《うで》のほころびに気づく。こんとあきは、おばあちゃんにほころびを直してもらうため、電車に乗って旅に出る――。

こんがものすごくかわいくて、大きなしっぽをドアにはさまれてしまうシーンを本屋で見た時、母に見せたくて絵本を広げたまま店中を探し回った思い出がある（さすがに母は買ってくれた）。

絵本を見る女の子の表情が、刻一刻と変わるのが面白かった。何度も読んで文章もだいたい憶《おぼ》えているので、「今、あのシーンを読んでる」というのがよくわかる。

何だかついつい気になり、⑤絵本を立ち読みしながらもチラチラ見ていたら、最後ににっこりして本を置いた。

そして、もう一度初めから読み始めた。

ああ、ケラケラ笑ってるのはあたしの大好きなシーンかなあ……。

それにしても一人でいるのが気になった。親はいないんだろうか。

「ねえ、お母さんは？」

しばらく待っても誰《だれ》も現れないので（その間、その子は何度も『こんとあき』を読んでいた）、ついにたずねてしまった。

最近は知らない人と話しちゃいけないときつく言われている子も多いので、ちょっとドキドキしながら。

「お母さんは用事があるの」

しかし、屈託《くったく》なく女の子は答える。

「一人で来たの？」

「ううん」

あ、一人じゃないのね、と少し安心する。

「大人の人と一緒《いっしょ》なんだね？」

「うん、ちょっと待っててって言われた」

かなり待たされているみたいだけど、あまり気にしないのだろうか。心配になるくらいの無邪気《むじゃき》さだ。

でも、とてもかわいい。

「その絵本、好きなの？」

「うん！」

元気のいいお返事だ。

「今日初めて読んだの？」

「ううん。うちにもあるよ」

「それなのにここでも読んでたの？そんなに好きなんだ」

「うん。こん大好き。*すうちゃんに作ってもらったの」

そう言って、女の子は本の見返しを見せる。そうだった。最近気づいたことだけれど、この絵本にはこんの型紙が見返しに図案化されている。出版社のサイトには、ちゃんと作り方も載《の》っているのだ。

「すごいね」

「うちのコンコちゃんは女の子なの。すうちゃん、ワンピース作ってくれた」

こんはかわいい*オーバーオールを着ていたはずだ。

「⑥そうかあー」

ぬいぐるみなんて作ったことない。手芸は好きな方だが、すぐに飽《あ》きてしまうのだ。一気に作れるものならいいのだが、何日もかかると放り出す。ぬいぐるみを一日で作る勇気というか、腕《うで》はまだない。

「コンコちゃんの趣味《しゅみ》は読書なの」

「うんうん」

「いつか図書館でいっぱい絵本を読むのが夢です」

「じゃあ、好きな食べ物は？」

「カレーです」

「きつねうどんとかじゃないんだね」

「おあげはあまり好きじゃないの……」

それは、コンコちゃんじゃなくて自分が、ということだな。

コンコちゃんの日常の物語を語る女の子の身振《みぶ》り手振りが面白く、何度も笑ってしまう。

「コンコちゃんの夢は、激辛《げきから》カレーを食べることと、図書館にお泊《とま》りをしていっぱい本を読むことです」
⑦激辛《げきから》カレーに思わず吹《ふ》き出す。だが、図書館のくだりに、オーバーオールを着たこんがこの椅子《いす》に座って絵本を読んでいる姿が浮《う》かんだ。この女の子が、あきに見えてくる。
「でも、両方ともママがダメというのでできません」

そりゃカレーはダメだろう。

「ママは何でダメって言うの？」

「コンコちゃんはまだ小さいから」

「でも、絵本は読めるんでしょ？」

「漢字は読めないの。それに、まだ中辛《ちゅうから》も食べられないから」

「そうかあ」

「あっ！」

突然《とつぜん》女の子が声をあげ、カバンの中を探りだす。

「メールだ」

子供用の携帯《けいたい》電話を出す。まだ持っていない雪音《ゆきね》は、持っているだけうらやましい。

「すうちゃんが呼《よ》んでるから、行くね、お姉ちゃん」

「あ、はい。お話面白かったよ」

「ほんと!? ありがとう! またね、バイバイ!」

女の子は絵本をしまい、ロビーの方へ駆《か》けていった。注意されないかハラハラしたが、幸いあまり人影《ひとかげ》はない。

ああ、やっぱりおとまり会がいいな。

そしたら、あの女の子とコンコちゃんが来てくれて、とても喜ぶだろう。

雪音《ゆきね》は急いで家に戻り、プリントに書き込《こ》んだ。

オリジナリティはないけど、本当にやってほしいことなんだもの。あの図書館がやってくれたら、本当にうれしいことなんだもの。

そう思いながら、雪音《ゆきね》は書いた。

うまく書けているかわからないし、多分ダメだろうけど、終わった時には⑧何だかすっきりしていた。


（矢崎存美《やざきありみ》『ぶたぶた図書館』光文社刊）

（注）　彼《かれ》or彼女《かのじょ》＝彼または彼女という意味。
オリジナリティ＝独自の考え方。

三宅さん＝雪音《ゆきね》が以前知り合った、新しい図書館に勤める職員の女性。

『こんとあき』＝林《はやし》明子《あきこ》の絵本。

すうちゃん＝女の子のおばにあたる人物。

オーバーオール＝胸当てつきのズボン。


【問二】傍線部①「ぬいぐるみおとまり会」とありますが、雪音《ゆきね》が以前から知っていた「ぬいぐるみおとまり会」についての説明として**当てはまらないもの**を次のア〜オの中から一つ選び、記号で答えなさい。

ア　参加者のお気に入りのぬいぐるみが夜の図書館でどのように過ごしていたかを、カメラで撮影《さつえい》してもらえる。
イ　夜にぬいぐるみが読んでいた本は後で渡《わた》されるので、参加者はぬいぐるみが読んでいた本を読むことができる。
ウ　外国の図書館ではよく開催《かいさい》されているイベントで、ぬいぐるみを通して本に親しみを持たせることが目的である。
エ　参加者は夜の図書館で自分のお気に入りのぬいぐるみと一緒《いっしょ》に勉強したり、雑魚寝《ざこね》をしたりして夜を明かす。
オ　ぬいぐるみは夜の図書館を読書の空間としてだけでなく、ほかのぬいぐるみと交流する空間としても利用する。

【問二】傍線部②「だから、提案しようと思ったのだ」とありますが、この背景には雪音《ゆきね》のどのような思いがあると考えられますか。その説明として最も適当なものを次のア～オの中から一つ選び、記号で答えなさい。

ア　中学生となってしまった今となっては自分がぬいぐるみおとまり会に参加することはかなわないが、この図書館でぬいぐるみおとまり会を開くことで、同じように悔《くや》しい思いをする人が少なくなってほしいという思い。
イ　ぬいぐるみおとまり会が実際に行われる様子に興味はあったものの、夜に始まって一晩中かけて開催《かいさい》される会を運営することはまだ中学生である自分には難しいので、図書館の人たちに代わりに運営してほしいという思い。
ウ　一般的《いっぱんてき》な図書館で行われる行事としては珍《めずら》しくないからという理由で、ぬいぐるみおとまり会を開催《かいさい》する予定のないことに反発を覚え、独特なものでなくても開催《かいさい》してほしいという強い気持ちを図書館側に伝えるべきだという思い。
エ　新しくできたきれいな図書館でぬいぐるみおとまり会を行えば、写真映えもするし参加者の満足度も高まるので、今後本好きな人を増やして図書館を盛り上げていくためにもぬいぐるみおとまり会の開催《かいさい》は不可欠だという思い。
オ　図書館としてはぬいぐるみおとまり会を開く予定はないらしいので、自分がその開催を求める声をあげることで、自分を含《ふく》めた子供でない人も楽しめるようなぬいぐるみおとまり会の開催《かいさい》を実現したいという思い。

【問三】傍線部③「日曜日になっても、雪音は考え続けていた」とありますが、長期間にわたって「考え続けていた」雪音《ゆきね》の人物像の説明として最も適当なものを次のア～オの中から一つ選び、記号で答えなさい。

ア　考えはあるのに迷いが次々と浮《う》かんでしまうせいでなかなか決められないような決断力に欠ける人物。
イ　企画《きかく》を通すためにどのような説得力のある書類を作るかを周到《しゅうとう》に考えるような妥協《だきょう》を許さない人物。
ウ　自分の意見にどのような反論が想定されるかを考えながらものごとを決めていくような慎重《しんちょう》な人物。
エ　だれにも頼《たよ》ったり相談したりせずに自分だけで判断して企画《きかく》を決めていくような行動力のある人物。
オ　周囲の評価に自分の提案を合わせようとするあまり自分の考えをまとめられないような優柔不断《ゆうじゅうふだん》な人物。

【問四】傍線部④「文字が上滑《うわすべ》りする」とありますが、どういうことですか。その説明として最も適当なものを次のア～オの中から一つ選び、記号で答えなさい。

ア　自分の意識が本に向いていないために、本の内容がつまらなく感じられてしまうということ。
イ　使われている言葉が難解なために、文字が単語のまとまりとして目に入ってこないということ。
ウ　体裁の良い言葉が並んでいるために、本の内容がうわべだけの軽々しいものに見えるということ。
エ　別のことで思考が支配されているために、本の内容を理解することができないということ。
オ　本のページが文字ばかりであるために、読んでいてもその本に魅力《みりょく》を感じないということ。

【問五】傍線部⑤「絵本を立ち読みしながらもチラチラ見ていたら」とありますが、この時の雪音《ゆきね》の心情の説明として最も適当なものを次のア～オの中から一つ選び、記号で答えなさい。

ア　自分が熟読して内容を把握《はあく》しているので、女の子が絵本のどの部分を読んでどのような感情を抱《いだ》いているのかが表情からわかり、親しみを感じている。

イ　女の子が絵本の内容に対して一喜一憂《いっきいちゆう》し、その度に率直な感情を顔色に表している様子をずっと観察しながら、その目まぐるしい変化におかしさを感じている。

ウ　自分にとって大好きな絵本なので、女の子が絵本を楽しそうに読んでいる様子を見て、女の子も自分と同じようにこの絵本を好きになったと思い、嬉《うれ》しく感じている。

エ　絵本の内容に合わせて変化する女の子の感情が表情に表れており、そこから女の子が今絵本のどの場面を読んでいるのかを推測することに楽しみを感じている。

オ　自分が内容を覚えている絵本を読んでいる女の子の表情を見て、自分が持った感想と違《ちが》った感想を女の子が持って読んでいることに気付き、興味深く感じている。

【問六】　傍線部⑥「そうかあー」とありますが、こういった時の雪音《ゆきね》の態度の説明として最も適当なものを次のア～オの中から一つ選び、記号で答えなさい。

ア　自分はぬいぐるみなど作れるだろうかと自分のことだけ考えており、女の子の話にうわのそらで生返事をしている。

イ　コンコちゃんと絵本のこんの格好の違《ちが》いを考え、コンコちゃんの性別に気付いた感動を込《こ》めて返事をしている。

ウ　コンコちゃんが手作りのぬいぐるみであることへの感嘆《かんたん》を込《こ》め、想像力を働かせながら女の子の話に楽しく対応している。

エ　コンコちゃんが絵本のこんに手を加えた独自のものだとわかり、そのようなものを作る決断力のない自分を反省している。

オ　自分にはぬいぐるみを手作りすることなど到底《とうてい》できないと思い、コンコちゃんを手作りした人物に尊敬の念を抱《いだ》いている。

【問七】傍線部⑦「激辛《げきから》カレーに思わず吹《ふ》き出す」とありますが、なぜ雪音《ゆきね》は「吹《ふ》き出」したのですか。その理由として最も適当なものを次のア～オの中から一つ選び、記号で答えなさい。

ア　今までの穏《おだ》やかな会話に不釣《ふつ》り合いな激辛《げきから》カレーという過激な単語を聞き、女の子の新たな一面を知って驚《おどろ》いたから。

イ　激辛《げきから》カレーを食べるというコンコちゃんの夢に自分自身の夢を重ねている女の子の純粋《じゅんすい》さを、おかしく思ったから。

ウ　激辛《げきから》カレーを食べられるかどうかが大人の証《あかし》であるととらえている女の子の健気《けなげ》な考えを、かわいらしく思ったから。

エ　ぬいぐるみのコンコちゃんが四苦八苦しながら激辛《げきから》カレーを食べている光景を思い浮かべて、面白く思ったから。

オ　幼いとはいえ、ぬいぐるみが激辛《げきから》カレーを食べるということを信じて疑わない女の子に対して衝撃《しょうげき》を受けたから。

【問八】傍線部⑧「何だかすっきりしていた」とありますが、なぜですか。その理由として最も適当なものを次のア～オの中から一つ選び、記号で答えなさい。

ア　女の子の持つぬいぐるみのコンコちゃんにまつわる話を聞いたことをきっかけに、ぬいぐるみおとまり会の必要性を改めて感じ、新しい図書館でそれをやってほしいという思いが明確になったから。

イ　女の子がコンコちゃんと一緒《いっしょ》にぬいぐるみおとまり会に参加したいと思っていることを知り、たとえ認められなくても、女の子のためにそれを提案しようという覚悟《かくご》を決めることができたから。

ウ　女の子も自分と同じようにぬいぐるみおとまり会をやりたいと思っていることを知り、この企画《きかく》が自分の独りよがりなものではないということがわかり、このまま提案してよいのだと安心したから。

エ　絵本を読むことが大好きな女の子の話を聞き、絵本の重要性に気付いたことで、長時間考え続けていた企画《きかく》をぬいぐるみおとまり会にすることをようやく決断できたことに達成感を覚えたから。

オ　女の子も雪音《ゆきね》が考えていたぬいぐるみおとまり会と同様のものを夢見ていることを知り、たとえ採用されなくとも自分が望むものを提案すればよいのだと気付き、今まで抱《かか》えていた迷いが消えたから。

【練習問題5／問一／解説】

「〇〇として当てはまらないもの」のように、「正しくない選択肢」を選ばせる問題は《内容正誤問題》にあたります。

〈予想解答〉をたてるのではなく、選択肢を本文とよく照らし合わせて、「正しくない選択肢」を選びましょう。

手順❶　本文と選択肢の照らし合わせを行い、「消去法」で選ぶ。
手順❷　答えが決まらない場合、最もマイナス点の少ない選択肢を正解として選ぶ。

これは本文の次のあたりとよく照らし合わせればよいでしょう。

・外国の図書館ではよく行われているイベントだ。子供のお気に入りのぬいぐるみを図書館に預け、彼《かれ》あるいは彼女《かのじょ》が夜の図書館で何をやっているのか――その行動をカメラで撮影《さつえい》してくれる。
子供のお気に入りのぬいぐるみを通して本と親しんでもらうことが目的だが、雪音《ゆきね》が知ったのは去年だ。日本の図書館もやっているそうで、その図書館のサイトなどをよく見たものだ。

子供が自分でぬいぐるみを図書館へ送り届け寝《ね》かしつけてから帰るとか、真面目《まじめ》な勉強や読書やお仕事をするだけでなく、大勢で仲良く雑魚寝《ざこね》をしたり、真夜中のパーティとか朝食とか――。迎《むか》えに来た子供には、そんなことをしているぬいぐるみの写真と彼《かれ》*or*彼女《かのじょ》が夜の間に読んでいた本が渡《わた》される。（5～11行目）

ア　参加者のお気に入りのぬいぐるみが／夜の図書館でどのように過ごしていたかを、／カメラで撮影《さつえい》してもらえる。

イ　夜にぬいぐるみが読んでいた本は／後で渡《わた》されるので、／参加者はぬいぐるみが読んでいた本を読むことができる。

ウ　外国の図書館ではよく開催《かいさい》されているイベントで、／ぬいぐるみを通して本に親しみを持たせることが目的である。

エ　参加者は《×チガ》夜の図書館で自分のお気に入りのぬいぐるみと一緒《いっしょ》に勉強したり、／雑魚寝《ざこね》をしたりして夜を明かす。

オ　ぬいぐるみは夜の図書館を読書の空間としてだけでなく、／ほかのぬいぐるみと交流する空間としても利用する。

【解答／問二】　エ

選択肢「エ」の「参加者は」の部分が本文と違います。夜、図書館で過ごすのは参加者ではなくてぬいぐるみですね。したがって、「チガ」の×です。今回のように、やや細かいところをついてくる問題は、しっかり本文と照らし合わせをせずに記憶で解いていると間違えてしまいます。本文と丁寧《ていねい》に照らし合わせをすることを改めて大切にしてください。

【問二／解説】

《気持ち問題》です。これまでやってきたように、「理由＋気持ち」で〈予想解答〉をたてることを考えます。

手順❶ 〈傍線部のルール〉により、傍線部を正しく理解する。

傍線部②「だから、提案しようと思ったのだ」とありますが、傍線部のルール❹ 傍線部に省略された主語・述語・目的語を補う により、何を提案しようと思ったのかを念のため補っておきましょう。これはもちろん「ぬいぐるみおとまり会」ですね。したがって、傍線部②は次のように理解できます。

だから、**ぬいぐるみおとまり会**を提案しようと思ったのだ

手順❷ 本文をもとに、〈予想解答〉を作る。

《気持ち問題》ですから、まず、雪音《ゆきね》の言動に着目して本文から「気持ち」を読み取りましょう。「気持ち」が読み取れそうなところは、傍線部も含めて、次の四カ所あります。

（1）自分ができないのが本当にくやしかった。（12行目）
（2）だから、提案しようと思ったのだ（14行目）
（3）雪音《ゆきね》はどうしてもこれを、あの新しくてきれいな図書館で実現してほしかった。（15～16行目）

（4）さらにできれば、子供でない人にも参加できるようなものにしたい。（17行目）

それぞれ「気持ち」をわかりやすく整理すると、次のようになるでしょう。

（1）〈ぬいぐるみおとまり会を自分ができないのがくやしい〉

（2）〈ぬいぐるみおとまり会を提案しよう〉

（3）〈ぬいぐるみおとまり会を新しくてきれいな図書館で実現してほしい〉

（4）〈ぬいぐるみおとまり会を、子供でない人にも参加できるようなものにしたい〉

では、次に、そんな気持ちになった「理由」をそれぞれ本文から読み取ります。

まず、（1）〈ぬいぐるみおとまり会を自分ができないのがくやしい〉の気持ちの理由は、本文に、

・とにかくすごく楽しそうで、（12行目）

とあることから、〈ぬいぐるみおとまり会がすごく楽しそうだったから〉ですね。よって、（1）について「理由＋気持ち」の文を作ってみると、**（1）〈ぬいぐるみおとまり会がすごく楽しそうだったから、自分ができないのがくやしい〉**となるでしょう。

次に（2）〈ぬいぐるみおとまり会を提案しよう〉という気持ちの理由を考えてみます。傍線部②に「だから」という接続語がありますから、「だから」の前が「理由」だとわかりますね。（接続語「だから」は、前が「原因・理由」、後ろが「結果」を表すときに使う接続語です。こうした接続語の使い方を知っておくことはとても大切です）

・新しい図書館でやってくれるかも、と思ったが、そういう予定はないらしい。どっちにしろ、多分中学生では参加できないだろう。（12～13行目）

右の本文から、〈新しい図書館でぬいぐるみおとまり会をやる予定はないらしいから〉がその理由でしょう。

（2）についても「理由＋気持ち」の文を作ると、**（2）〈新しい図書館でぬいぐるみおとまり会をやる予定はないらしいから、自分が提案しよう〉**となりますね。

また、（3）〈ぬいぐるみおとまり会を新しくてきれいな図書館で実現してほしい〉という気持ちの理由は、本文の次のところでしょう。

・写真を撮《と》るのだったら、背景も美しい方がいいに決まっている。（16行目）

したがって（3）についての「理由＋気持ち」の文を作ると、**（3）〈写真を撮《と》るのだったら、背景も美しい方がいいに決まっているから、ぬいぐるみおとまり会を新しくてきれいな図書館で実現してほしい〉**となります。

最後に、（4）〈ぬいぐるみおとまり会を、子供でない人にも参加できるようなものにしたい〉という気持ちの理由ですが、これは本文に次のようにあります。

・中学生の雪音《ゆきね》はもとより、大人だってそういう夢のあるイベントに興味のある人はたくさんいるだろう。我が子だ

けではなく、自分も参加したいというお母さんやお父さんだっているかも。（18〜19行目）

右の部分を簡単にまとめると、〈ぬいぐるみおとまり会に参加したい大人もたくさんいるだろうから〉などと考えられますね。これも「理由＋気持ち」の文を作ると、（4）〈**ぬいぐるみおとまり会に参加したい大人もたくさんいるだろうから、子供でない人にも参加できるようなものにしたい**〉となります。

さて、これまでに考えた（1）〜（4）についての「理由＋気持ち」の文をまとめてみます。

（1）〈ぬいぐるみおとまり会がすごく楽しそうだったから、自分ができないのがくやしい〉
（2）〈新しい図書館でぬいぐるみおとまり会をやる予定はないらしいから、自分が提案しよう〉
（3）〈写真を撮《と》るのだったら、背景も美しい方がいいに決まっているから、ぬいぐるみおとまり会を新しくてきれいな図書館で実現してほしい〉
（4）〈ぬいぐるみおとまり会に参加したい大人もたくさんいるだろうから、子供でない人にも参加できるようなものにしたい〉

したがって、〈予想解答〉は右の（1）〜（4）をさらにまとめたものになるでしょう。かなり長くなりますが、たとえば、次のようなものが考えられます。

〈ぬいぐるみおとまり会がすごく楽しそうだったから、自分ができないのがくやしかったが、新しい図書館でぬいぐるみおとまり会をやる予定はないらしいから、自分が提案しようと思った。また、写真を撮《と》るのだったら、背景も美しい方がいいに決まっているから、ぬいぐるみおとまり会は新しくてきれいな図書館で実現してほしいし、さらには、

ぬいぐるみおとまり会に参加したい大人もたくさんいるだろうから、子供でない人にも参加できるようなものにしたい〉

手順❸「消去法」を使いながら、〈予想解答〉に最も近い選択肢を「積極法」によって選ぶ。

ここまで選択肢が長いと、スラッシュで区切って、細かく見ていかないと間違えてしまいますね。本文に書かれていないことにしっかり×をつけましょう。

ア　中学生となってしまった今となっては／自分がぬいぐるみおとまり会に参加することはかなわないが、／この図書館でぬいぐるみおとまり会を開くことで、／同じように悔しい思いをする《×ナシ》人が少なくなってほしいという思い。

イ　ぬいぐるみおとまり会が実際に行われる様子に興味はあったものの、／夜に始まって一晩中かけて開催《かいさい》される会を運営する《×ナシ》ことは／まだ中学生である自分には難しいので、／図書館の人たちに代わりに運営してほしいという思い。

ウ　一般的な図書館で行われる行事《×ナシ》としては珍しくないからという理由で、／ぬいぐるみおとまり会を開催《かいさい》する予定のないことに反発を覚え《×チガ(ナシ)》、／独特なものでなくても開催《かいさい》してほしいという強い気持ちを／図書館側に伝えるべきだという思い。

エ　新しくできたきれいな図書館でぬいぐるみおとまり会を行えば、／写真映えもするし／参加者の満足度も高まるので、／今後本好きな人を増やして図書館《×ナシ》を盛り上げていくためにも／ぬいぐるみおとまり会の開催《かいさい》は不可欠《×チガ(ナシ)》だという思い。

オ　図書館としてはぬいぐるみおとまり会を開く予定はないらしいので、／自分がその開催を求める声をあげることで、／自分を含《ふく》めた子供でない人も楽しめるようなぬいぐるみおとまり会の開催《かいさい》を実現したいという思い。

【解答／問二】　オ

・・・

【問三／解説】
雪音《ゆきね》の人物像について正しいものを選ぶ《内容正誤問題》ですね。本文中で雪音の人物像が読み取れそうな箇所をいくつか見つけ、その部分と選択肢を比べましょう。

手順❶　本文と選択肢の照らし合わせを行い、「消去法」で選ぶ。
手順❷　答えが決まらない場合、最も マイナス点の少ない選択肢を正解として選ぶ。

雪音の人物像が読み取れそうなところとして、次のような部分に注目してみます。

・でも……自分で思いついたものではないと明記するにしても、オリジナリティに欠けるとやはり選ばれないだろうか……？　何か他のことにした方がいいのか……。（20〜21行目）

・だが、ぬいぐるみおとまり会にするか、新たに考えたものにするかで**迷い**、新たに考えるにしても子供向けにするか大人向けにするかで**迷う**。（25〜26行目）

・何だか自分には**決心が足りない**だけ、という気がしてならない。決めているのに、今一歩踏《ふ》み出せないというか……。それくらい、自分で決められないでどうする。中学生にもなって。（42〜43行目）

特に太字にした部分に着目すると、雪音《ゆきね》はさまざまに迷い、なかなか決心がつかないタイプのようです。その点をおさえつつ、選択肢を見ていきましょう。

ア　考えはあるのに迷いが次々と浮《う》かんでしまうせいでなかなか決められないような／決断力に欠ける人物。○

イ　企画《きかく》を通すためにどのような説得力のある書類を作るかを周到《しゅうとう》に考えるような／妥協を許さない人物。×チガ

ウ　自分の意見にどのような反論（×ナシ）が想定されるかを考えながらものごとを決めていくような／慎重な人物。○

エ　だれにも頼《たよ》ったり相談したりせずに自分だけで判断して企画《きかく》を決めていくような／行動力のある人物。×チガ

オ　周囲の評価に自分の提案を合わせようとするあまり（×ナシ）／自分の考えをまとめられないような／優柔不断な人物。○

選択肢「ウ」の「慎重な人物」というのは間違いではありませんが、「反論」については本文から読み取れませんね。

選択肢「オ」も、「優柔不断な人物」は正しいですが、「周囲の評価に自分の提案を合わせよう」ということは書かれていません。したがって選択肢「ア」が正解。

【解答／問三】　ア

……………………………………………………………………

【問四／解説】

傍線部④「文字が上滑《うわすべ》りする」とはどういうことかという、傍線部の言いかえ説明を問われている《内容説明問題》です。傍線部とイコールの内容になっている選択肢を選びます。

手順❶　〈傍線部のルール〉により、傍線部を正しく理解する。
手順❷　本文をもとに、〈予想解答〉を作る。

「文字が上滑《うわすべ》りする」というのは比喩表現ですね。本文を参考に、これがどんなことを表しているのかを考えてみましょう（**傍線部のルール❷　傍線部内の指示語・比喩・わかりにくい表現は言いかえる**）。**傍線部のルール❸　傍線部内の言葉と同じ言葉（似た言葉）に注目する**により、「文字」という言葉を本文に探していくとよいでしょう。傍線部前後の次の部分に着目します。

・今の気分にふさわしい本でも読もうと棚《たな》を見て回ったが、何だかタイトルが**頭に入ってこない**。適当に取ってページをパラパラめくっても、文字が上滑《うわすべ》りする。（44～45行目）
・こういう時は絵本かな。**文字が頭に入ってこない**のなら、絵を見ていればいい。（46行目）

特に太字の部分に注目すると、「文字が上滑りする」とは、〈文字が頭に入ってこない〉ことを表しているのだとわかりますね。そしてこれがそのまま〈予想解答〉になります。

手順❸ 「消去法」を使いながら、〈予想解答〉に最も近い選択肢を「積極法」によって選ぶ。

ア　自分の意識が本に向いていないために、／本の内容がつまらなく感じられてしまう《×チガ》ということ。

イ　使われている言葉が難解なために《×ナシ》、／文字が単語のまとまりとして《×ナシ》目に入ってこないということ。

ウ　体裁の良い言葉が並んでいるために《×ナシ》、／本の内容がうわべだけの軽々しいものに見える《×チガ》ということ。

エ　別のことで思考が支配されているために、／本の内容を理解することができないということ。

オ　本のページが文字ばかりであるために《×ナシ》、／読んでいてもその本に魅力を感じない《×チガ》ということ。

選択肢「ア」の「本の内容がつまらなく感じられてしまう」は、〈文字が頭に入ってこない〉とは違いますね。
選択肢「エ」の「本の内容を理解することができない」は、まさに〈文字が頭に入ってこない〉を言いかえた表現でしょう。

【解答／問四】 エ

【問五／解説】

傍線部⑤の時の雪音《ゆきね》の心情を読み取る《気持ち問題》ですね。「理由＋気持ち」で〈予想解答〉をたてることにはもう慣れましたか。傍線部⑤に難しい言葉はありませんから手順❶は省略し、手順❷から始めます。

手順❷　本文をもとに、〈予想解答〉を作る。

まずは雪音《ゆきね》の言動から「気持ち」を読み取ります。これは傍線部⑤の直前に、

・何だかついつい気になり（58行目）

とありますから、〈女の子のことが気になっている〉という気持ちが読み取れます。ただ、ここでの「気になる」とは、

・ああ、ケラケラ笑ってるのはあたしの大好きなシーンかなあ……。（60行目）

とあるように、雪音《ゆきね》の大好きな絵本『こんとあき』を女の子が楽しく読んでいるかどうか、その反応が気になっているという感じですね。よって、ここでの雪音《ゆきね》の気持ちをより詳しく言えば、〈女の子がどんな反応をするかが気になっている〉となるのでしょう。

では、なぜ雪音《ゆきね》は女の子の反応が気になるのでしょう。次にその「理由」を考えます。これは、

・絵本を見る女の子の表情が、刻一刻と変わるのが面白かった。何度も読んで文章もだいたい憶《おぼ》えているので、「今、あのシーンを読んでる」というのがよくわかる。（56～57行目）

とありますから、〈何度も読んで文章もだいたい憶えているので、女の子がどのシーンを読んでいるのかがわかっているから〉などが考えられます。したがって、「理由＋気持ち」で〈予想解答〉を作ると、〈何度も読んで文章もだいたい憶えているので、女の子がどのシーンを読んでいるのかがわかっているから、女の子がどんな反応をするかが気になっている〉などと考えられそうです。

手順❸「消去法」を使いながら、〈予想解答〉に最も近い選択肢を「積極法」によって選ぶ。

ア　自分が熟読して内容を把握《はあく》しているので、／女の子が絵本のどの部分を読んでどのような感情を抱《いだ》いているのかが表情からわかり、／親しみを感じている。

イ　女の子が絵本の内容に対して一喜一憂し、／その度に率直な感情を顔色に表している様子をずっと観察しながら、／その目まぐるしい変化におかしさを感じている。

ウ　自分にとって大好きな絵本なので、／女の子が絵本を楽しそうに読んでいる様子を見て、／女の子も自分と同じようにこの絵本を好きになったと思い、／嬉《うれ》しく感じている。

エ　絵本の内容に合わせて変化する女の子の感情が表情に表れており、／そこから女の子が今絵本のどの場面を読んでいるのかを推測することに／楽しみを感じている。

オ　自分が内容を覚えている絵本を読んでいる女の子の表情を見て、／自分が持った感想と違った感想を女の子が持って読んでいることに気付き、／興味深く感じている。

選択肢「イ」は「一喜一憂」が△。本文には「一憂」の部分は読み取れないように思います。また、「目まぐるしい変化におかしさを感じている」は、本文からは読み取れませんね。

選択肢「エ」は、「推測すること」に楽しみを感じているわけではないので×。

選択肢「オ」も、「自分が持った感想と違《ちが》った感想を女の子が持って読んでいることに気付き」の部分は書かれていません。

今回は明らかに間違いとも言い切れない選択肢「ア」「ウ」で迷います。かなり際どい選択肢ですから、もう一度比較してみましょう。

手順❹　答えが決まらない場合、最もマイナス点の少ない選択肢を正解として選ぶ。

ア　自分が熟読して内容を把握《はあく》しているので、／女の子が絵本のどの部分を読んでどのような感情を抱《いだ》いているのかが表情からわかり、／親しみを感じている。

ウ　自分にとって大好きな絵本なので、／女の子が絵本を楽しそうに読んでいる様子を見て、／女の子も自分と同じようにこの絵本を好きになったと思い、／嬉《うれ》しく感じている。

選択肢「ア」の「親しみを感じている」の部分は、本文にははっきりと書かれていませんが、明らかに×とも言い切れないので、許容範囲として△。

一方、選択肢「ウ」の「女の子も自分と同じようにこの絵本を好きになったと思い」の部分は、改めて本文を見ると、74〜75行目に、

・「その絵本、好きなの？」
・「うん！」

とあることから、傍線部⑤よりも後で知ったことだとわかりますね。よって選択肢「ウ」は「アト」で×。

前にも書きましたが、選択肢問題は、複数の選択肢の中から「最も適当なもの」を選ぶ問題です。選択肢が〈予想解答〉にぴたりと合うときばかりではありません。**〈予想解答〉とぴったり同じでなくとも、許容範囲として認められる「言いかえの幅」を意識することが大切です**。本文の言葉がそのまま使われていないからといってすぐに×をつけてしまうと、間違えることがあります。繰り返しになりますが、「言いかえの幅」に慣れ、言いかえに惑わされなくなることも、選択肢問題を解くための必要な力です。

【解答／問五】 ア

【問六／解説】

傍線部⑥のときの雪音《ゆきね》の「態度」を問う問題ですが、これは雪音《ゆきね》の「気持ち」に近いので、《気持ち問題》として考えるのがわかりやすいでしょう。傍線部⑥「そうかあー」自体に難しい言葉はありませんから手順❶は省略し、手順❷から考えてみます。

手順❷　本文をもとに、〈予想解答〉を作る。

まず、雪音《ゆきね》の言動から「気持ち」を読み取ります。雪音《ゆきね》は、女の子がすうちゃん（＝女の子のおばにあたる人物）にこんのぬいぐるみを作ってもらったことに対して、

・「すごいね」（83行目）

と驚いていますから、〈こんのぬいぐるみを作ってもらったことに驚いている〉などと表せます。そしてその理由は、

・ぬいぐるみなんて作ったことない。手芸は好きな方だが、すぐに飽《あ》きてしまうのだ。一気に作れるものならいいのだが、何日もかかると放り出す。ぬいぐるみを一日で作る勇気というか、腕《うで》はまだない。（87〜88行目）

とあるように、〈自分はぬいぐるみを作ったことがなく、作れそうもないから〉などが考えられます。したがってこれらを「理由＋気持ち」で表すと、〈自分はぬいぐるみを作ったことがなく、作れそうもないから、こんのぬいぐる

みを作ってもらったことに驚いている〉となります。

また雪音《ゆきね》は、ぬいぐるみのコンコちゃんが、すうちゃんの作ってくれたワンピースを着ていることを聞き、

・「そうかあー」（86行目）

と、女の子に対して好意的に受け答えをしています。雪音の様子を映像化してイメージしましょう。この「そうかあー」は、「いいね」「よかったね」という意味で使われていますから、〈こんが大好きで、こんのぬいぐるみのことを楽しげに話す女の子をほほえましく思っている〉という気持ちも読み取れますね。

これらのことをふまえると、〈予想解答〉としてはおおよそ、〈自分はぬいぐるみを作ったことがなく、作れそうもないから、女の子がこんのぬいぐるみを作ってもらったことに驚き、また、こんが大好きで、こんのぬいぐるみのことを楽しげに話す女の子をほほえましく思っている〉などが考えられそうです。

手順❸「消去法」を使いながら、〈予想解答〉に最も近い選択肢を「積極法」によって選ぶ。

手順❹ 答えが決まらない場合、最もマイナス点の少ない選択肢を正解として選ぶ。

ア 自分はぬいぐるみなど作れるだろうかと／自分のことだけ考えており、（×チガ）／女の子の話にうわのそらで生返事をしている。（×チガ）

イ コンコちゃんと絵本のこんの格好の違《ちが》いを考え、／コンコちゃんの性別に気付いた感動（×ナシ）を込《こ》めて返事をしている。

ウ　コンコちゃんが手作りのぬいぐるみであることへの感嘆《かんたん》を込《こ》め、／想像力を働かせながら《△》／女の子の話に楽しく対応している。

エ　コンコちゃんが絵本のこんに手を加えた独自のものだとわかり《×チガ》、／そのようなものを作る決断力のない自分を《×ナシ》／反省している《×チガ》。

オ　自分にはぬいぐるみを手作りすることなど到底《とうてい》できないと思い、／コンコちゃんを手作りした人物に／尊敬の念《△スギ?》を抱《いだ》いている。

選択肢「ウ」と「オ」で迷うところです。ただ、選択肢「ウ」の「想像力を働かせながら」は、〈予想解答〉にはありませんが、本文の、

・「うちのコンコちゃんは女の子なの。すうちゃん、ワンピース作ってくれた」こんはかわいいオーバーオールを着ていたはずだ。（84〜85行目）

のあたりを言っているのでしょう。女の子のぬいぐるみのコンコちゃんがワンピースを着ていると聞かされたことに対し、絵本『こんとあき』のこんはオーバーオールを着ていたことを思い出しているのですね。したがって、「ウ」の「想像力を働かせながら」は正しいとわかります。選択肢「オ」の「尊敬の念」は、やや言い過ぎでしょう。よって正解は「ウ」となります。

【解答／問六】 ウ

【問七／解説】

《理由問題》ですね。

手順❶ 〈傍線部のルール〉により、傍線部を正しく理解する。

傍線部のルール❶ 傍線部はいくつかの部分に分けて考えるで傍線部を分けてみると、次のようになります。

（1）激辛《げきから》カレーに／（2）思わず吹《ふ》き出す

まず考えたいのは（1）「激辛カレーに」の「に」ですが、これはわかりやすく言えば、「〜という言葉を聞いて」という意味を一語で表したものですね。したがって、傍線部⑦をわかりやすく言いかえると、次にようになります。

（1）激辛《げきから》カレーという言葉を聞いて／（2）思わず吹《ふ》き出す

手順❷ 本文をもとに、〈予想解答〉を作る。

では、雪音《ゆきね》はなぜ「激辛《げきから》カレーという言葉を聞いて、思わず吹《ふ》き出」したのでしょうか。「吹《ふ》き出す」というのは、「面白くて吹《ふ》き出す」という意味ですから、ひとまず〈面白かったから〉という理由が考えられます。これは傍線部の二行前に、

・コンコちゃんの日常の物語を語る女の子の身振《みぶ》り手振りが面白く、何度も笑ってしまう。（97行目）

とあることからも、雪音《ゆきね》が女の子の話を面白く感じていたことがわかります。

では、雪音《ゆきね》はどんなことが面白くて吹《ふ》き出したのでしょうか。本文の次のあたりから読み取れそうです。

・「おあげはあまり好きじゃないの……」
それは、コンコちゃんじゃなくて自分が、ということだな。（95～96行目）
・「コンコちゃんの夢は、激辛《げきから》カレーを食べることと、図書館にお泊《とま》りをしていっぱい本を読むことです」（98行目）
・「でも、両方ともママがダメというのでできません」
そりゃカレーはダメだろう。（101～102行目）

これらの部分から、女の子はコンコちゃんの夢と自分の夢を一緒《いっしょ》にしてしまっており、激辛《げきから》カレーを食べるのは、実は女の子自身の夢なのだということがわかります。したがって雪音《ゆきね》は、激辛《げきから》カレーを食べることが夢だと語る女の子の突拍子もなさが面白くて思わず吹き出してしまったのですね。ちなみに102行目の「そりゃカレーはダメだろう」というのは、「小さな女の子が激辛カレーを食べるのはもちろんママが許さないだろう」という意味でしょう。

これらのことから、「激辛《げきから》カレーという言葉を聞いて思わず吹《ふ》き出」した理由としては、〈コンコちゃんの夢と自分の夢を一緒《いっしょ》にしてしまい、激辛《げきから》カレーを食べることが夢だと語る女の子の突拍子もなさを面白く感じたから〉などと考えられるのではないでしょうか。これが〈予想解答〉になります。

手順❸ 「消去法」を使いながら、〈予想解答〉に最も近い選択肢を「積極法」によって選ぶ。

ア　今までの穏《おだ》やかな会話に不釣《ふつ》り合いな激辛カレーという過激な単語を聞き、／女の子の新たな一面を知って／驚いたから。

イ　激辛《げきから》カレーを食べるというコンコちゃんの夢に／自分自身の夢を重ねている女の子の純粋さを、／おかしく思ったから。

ウ　激辛《げきから》カレーを食べられるかどうかが大人の証であるととらえている女の子の健気《けなげ》な考えを、／かわいらしく思ったから。

エ　ぬいぐるみのコンコちゃんが／四苦八苦しながら激辛《げきから》カレーを食べている光景を思い浮かべて、／面白く思ったから。

オ　幼いとはいえ、／ぬいぐるみが激辛カレーを食べるということを信じて疑わない女の子に対して／衝撃を受けたから。

選択肢「ア」は「激辛《げきから》カレーという過激な単語」や「驚いたから」が×に近い△。

選択肢「エ」は、激辛《げきから》カレーを食べることは女の子の夢だということが読み取れていないと間違えてしまうかもしれません。したがって「ぬいぐるみのコンコちゃんが」という主語が×。「女の子が」であれば間違いではありませんが。

選択肢「イ」の「純粋《じゅんすい》さ」は△ですが、他の選択肢と比べると、選択肢「イ」が正解として最も適当だと考えられます。よって正解は「イ」。

【解答／問七】　イ

【問八／解説】

最後は《理由問題》です。これまでやってきたことを再確認しながらやっていきましょう。

手順❶　〈傍線部のルール〉により、傍線部を正しく理解する。

ここでは「すっきりしていた」とはどういうことかを考えましょう。（**傍線部のルール❷ 傍線部内の指示語・比喩・わかりにくい表現は言いかえる**）

傍線部⑧のシーンは、図書館の企画《きかく》について悩んでいた雪音《ゆきね》がようやく企画《きかく》書を書き終えたところです。それによって「すっきりしていた」というので、これは企画書を書き終えたという「達成感」や「清々しさ」という意味での「すっきりしていた」なのでしょう。したがって、**傍線部のルール❹ 傍線部に省略された主語・述語・目的語を補う**にも注意して傍線部⑧をわかりやすく言いかえてみると、次のようになることがわかりますね。

何だかすっきりしていた

↓

雪音は図書館の企画《きかく》を書き終えた達成感と清々しさを感じていた

手順❷　本文をもとに、〈予想解答〉を作る。

では「雪音《ゆきね》は図書館の企画《きかく》を書き終えた達成感と清々しさを感じていた」ことの理由は何でしょうか。これは本文に、

・ああ、やっぱりおとまり会がいいな。
そしたら、あの女の子とコンコちゃんが来てくれて、とても喜ぶだろう。（116〜117行目）

・オリジナリティはないけど、本当にやってほしいことなんだもの。あの図書館がやってくれたら、本当にうれしいことなんだもの。（119〜120行）

とあることから、〈予想解答〉として、〈おとまり会の企画《きかく》は、自分が本当にやって欲しいことであり、また女の子も喜んでくれるものだと思うと、やはり図書館の企画《きかく》はおとまり会がいいと確信することができたから〉といった理由が考えられますね。

手順❸「消去法」を使いながら、〈予想解答〉に最も近い選択肢を「積極法」によって選ぶ。

ア　女の子の持つぬいぐるみのコンコちゃんにまつわる話を聞いたことをきっかけに、／ぬいぐるみおとまり会の必要性を改めて感じ、／新しい図書館でそれをやってほしいという思いが明確になったから。

イ　女の子がコンコちゃんと一緒《いっしょ》にぬいぐるみおとまり会に参加したいと思っていることを知り、／たとえ認められなくても、／女の子のためにそれを提案しようという覚悟を決めることができたから。

ウ　女の子も自分と同じようにぬいぐるみおとまり会をやりたいと思っていることを知り、／この企画《きかく》が自分の独りよがりなものではないということがわかり、／このまま提案してよいのだと安心したから。

エ　絵本を読むことが大好きな女の子の話を聞き、／絵本の重要性に気付いたことで、／長時間考え続けていた企画《きかく》をぬいぐるみおとまり会にすることをようやく決断できたことに／達成感を覚えたから。

オ　女の子も雪音《ゆきね》が考えていたぬいぐるみおとまり会と同様のものを夢見ていることを知り、／たとえ採用されなくとも自分が望むものを提案すればよいのだと気付き、／今まで抱《かか》えていた迷いが消えたから。

かなり際どい問題ですが、まず選択肢「ア」の「ぬいぐるみおとまり会の必要性」は本文に書かれていないので×。また選択肢「エ」の「絵本の重要性に気付いた」ということも本文中にありませんでしたね。

手順❹　答えが決まらない場合、最もマイナス点の少ない選択肢を正解として選ぶ。

迷うのは選択肢「イ」「ウ」「オ」です。△がついたところを抜き出して比べてみましょう。

「イ」…（女の子が）ぬいぐるみおとまり会に参加したいと思っている

「ウ」…（女の子も）ぬいぐるみおとまり会をやりたいと思っている

「オ」…（女の子も）ぬいぐるみおとまり会と同様のものを夢見ている

さて、これらと対応する本文を探してみると、女の子がコンコちゃんの夢として自分の夢を雪音《ゆきね》に語ったのは次のシーンだということがわかります。特に太字部分ですね。

・「コンコちゃんの夢は、激辛《げきから》カレーを食べることと、**図書館にお泊《とま》りをしていっぱい本を読むこと**です」（98行目）

この部分から、女の子の夢は「図書館にお泊《とま》りをしていっぱい本を読むこと」だとわかります。すると、選択肢「イ」の「ぬいぐるみおとまり会に参加したい」や、選択肢「ウ」の「ぬいぐるみおとまり会をやりたい」は少し違うのがわかりますか。女の子はあくまで「図書館にお泊《とま》りをしていっぱい本を読むこと」を夢見ているのであって、「ぬいぐるみおとまり会」をやったり、それに参加したいと思っているわけではありませんね。一方、選択肢「オ」の「ぬいぐるみおとまり会と同様のものを夢見ている」は、女の子の夢を言いかえたものとして間違いとは言えません。したがって、選択肢「オ」が最も適当でしょう。

【解答／問八】 オ

◆著者プロフィール◆

若杉朋哉（わかすぎともや）

1975年、東京都生まれ。
埼玉県立浦和高等学校、慶應義塾大学文学部哲学科卒。
記述問題対策に特化した中学受験国語専門塾「若杉国語塾」代表。
趣味は俳句。

■主な著書■
『中学受験国語　記述問題の徹底攻略』
『中学受験国語　記述問題の徹底攻略　基礎演習編』
『高校入試数学　すごくわかりやすい規則性の問題の徹底攻略』
（以上、エール出版社刊）

中学受験国語
選択肢問題の徹底攻略

2021年6月5日　初版第1刷発行
2021年7月4日　初版第2刷発行

著　者　若杉朋哉
編集人　清水智則　発行所　エール出版社
〒101-0052　東京都千代田区神田小川町2-12　信愛ビル4F
電話　03(3291)0306　　FAX　03(3291)0310
メール　edit@yell-books.com

＊乱丁・落丁本はおとりかえします。

＊定価はカバーに表示してあります。

ISBN978-4-7539-3505-5

中学受験国語
記述問題の徹底攻略

苦手な「記述問題」を何とかしたいあなたへ！
たった4つの記述パターンで書けるようになる！

本書の目的は、 中学受験国語の記述問題で、「何を書いたらいいのか」「どうやって書いたらいいのか」を理解し、解答をすらすら書けるようになることです。そのためにはまず、本書の〈第一章　記述問題の準備編〉と〈第二章　記述問題・パターン別の書き方〉を熟読してください。そしてその中に出てくる〈解答のルール〉と〈傍線部のルール〉、さらには「四つのパターン別の記述問題の書き方」を理解してください。ここまでを十分に身につけることが大切です。

ISBN978-4-7539-3460-7

中学受験国語
記述問題の徹底攻略基礎演習編

難関中学の記述問題で合格点が取れる！
実戦力がつく演習問題集

本書は「基礎演習編」とある通り、難解な問題は避けつつ、難関中学の記述問題にも対応できる土台としての記述力を養うことが目的ですが、本書の内容をしっかり身につければ、中学受験入試のほとんどの問題を解くことができるようになります。いわゆる「難関中学」の記述問題にしても、合格点を取れるだけの得点力を養うのに十分な内容です。

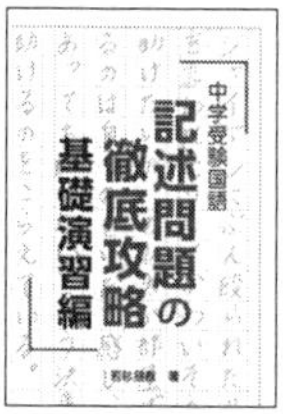

ISBN978-4-7539-3485-0

若杉朋哉・著　　●本体 1500 円（税別）